中华国学经典精粹

长短经

又名

反经

〔唐〕赵蕤 著
赵东凌 评译

北京联合出版公司
Beijing United Publishing Co.,Ltd.

图书在版编目（CIP）数据

长短经 /（唐）赵蕤著；赵东凌评译 . -- 北京：北京联合出版公司，2016.9（2022.8 重印）

（中华国学经典精粹）

ISBN 978-7-5502-8789-1

Ⅰ . ①长… Ⅱ . ①赵… ②赵… Ⅲ . ①政治－谋略－中国－古代－通俗读物 Ⅳ . ① D691-49

中国版本图书馆 CIP 数据核字（2016）第 238753 号

长短经

作　　者：赵　蕤
责任编辑：李　红　徐秀琴
封面设计：颜　森

北京联合出版公司出版
（北京市西城区德外大街 83 号楼 9 层　100088）
北京华夏墨香文化传媒有限公司发行
三河市东兴印刷有限公司印刷　新华书店经销
字数 130 千字　880 毫米 ×1230 毫米　1/32　5 印张
2019 年 5 月第 2 版　2022 年 8 月第 8 次印刷
ISBN 978-7-5502-8789-1
定价：36.00 元

前言

古代传统古典籍中，智囊迭出，谋策万千，旧为君王而制，今令世人醒目。

《长短经》，又称《反经》，是一部实用性的韬略奇书，以唐以前的汉族历史为论证素材，集诸子百家学说于一体，融儒、道、法、兵、杂和阴阳等各家思想之大成，涉及政治、外交、军事等诸多领域，内容丰富，思想厚重，有理有趣。

它着力于从历代更迭之史实中，探析各帝王霸主成败、得失、优劣、进退之真相，以谋略为经、历史为纬，“论王霸机权，正变长短之术”为核心，围绕权谋政治和知人善任两个重点，记述国家兴亡、权变谋略、举荐贤能、人间善恶四大方面，夹叙夹议，史论结合，呈黑白杂糅之书，有警世惩恶之深意，对纵古观今与洞察人世冷暖颇具价值。

原书成书于开元四年（716），共九卷六十四篇，内容上起尧舜，下迄隋唐，围绕权谋政治和知人善任这两个重心，探讨经邦济世的长短纵横之术，品评前哲先贤的智勇奇谋，引经据典，雄辩滔滔，可谓集历代政治权谋与驭人术大成之作。

值得注意的是，它虽有集结式的特点，却并非辑录之本，而是自成一家形成的一部逻辑体系严密、涵盖文韬武略的著作；它虽以纵横学之名跻身于古代政典兵书中，却并不仅限于帝王权谋、治国之道。对那些胸怀大志，追求卓越的现代人来讲，无论奉上御下、结盟御敌还是公关游说、为人处世等，均具有较强的借鉴意义。

如此精妙之书，自古就被尊奉为小《资治通鉴》，而作者赵蕤（659—742）也因此从隐逸济世变得显名于世。他是唐代道家末枝纵横家，自幼好帝王之学，读书百家，博于韬略，长于经世，出生在大融合、大统一、大团结的“开元盛世”，其人视功名如粪土，视富贵如浮云，采取了“夫妇隐操，不应辟召”的处世态度。唐玄宗多次征召，他都辞而不就，过着隐居的生活。他兼具儒家风范、道家思想和豪侠性格，与大诗人李白因“赵蕤术数，李白文章”并称为“蜀中二杰”。

鉴于此书的历史意义和现实价值，今特作译注，并择取其中重要、经典、有深意的片段，加以选篇、选段，以精细、靠实又不冗沓为原则，为读者呈现其内在精粹，聆听圣贤讲道权略的要言警训，饱览王霸实践智谋的臻臻事例。在准确的基准上，译文力求“信、达、雅”，注释力求通俗而不赘言。同时，各卷均入选译，是谓不失全面，而对卷下各篇及篇中内文进行删选，是谓有所侧重。

有称，《长短经》兼具文学、史料、镜鉴三重价值，那么，谨举此精缩本以飨读者，慎察既往，以戒今失，观照日月与你我。

目录

原序

卷一　文上

大体…………………………005
任长…………………………009
品目…………………………015
量才…………………………020
知人…………………………024
察相…………………………037
论士…………………………039
政体…………………………048

卷二　文中

君德…………………………051
臣行…………………………069

卷三 文下

反经…………………………… 080
正论…………………………… 088

卷四 霸纪上

霸图…………………………… 101

卷五 霸纪中

七雄略………………………… 114

卷六 霸纪下

三国权………………………… 127

卷七 权议

惧戒…………………………… 130

卷八 杂说

用无用………………………… 142
势运…………………………… 144

卷九 兵权

五间…………………………… 147

原序

【原文】

赵子曰：匠，成舆[①]者忧人不贵，作箭者恐人不伤。彼岂有爱憎哉？实伎业[②]驱之然耳。是知当代之士，驰骛之曹[③]，书读纵横，则思诸侯之变；艺长奇正[④]，则念风尘之会[⑤]。此亦向时[⑥]之论，必然之理矣。故先师孔子，深探其本，忧其末，遂作《春秋》，大乎王道；制《孝经》，美乎德行。防萌[⑦]杜渐，预有所抑，斯圣人制作之本意也。然作法于理，其弊必乱。若至于乱，将焉救之？是以御世理人，罕闻沿袭。三代不同礼，五霸不同法。非其相反，盖以救弊也。是故，国容一致，而忠文之道必殊；圣哲同风，而皇王之名或异。岂非随时设教沿乎此，因物成务[⑧]牵乎彼？沿乎此者，醇薄继于所遭；牵乎彼者，王霸存于所遇。故古之理者，其政有三：王者之政化之，霸者之政威之，强国之政胁之。各有所施，不可易也。管子[⑨]曰："圣人能辅时，不能违时。智者善谋，不如当时。"邹子[⑩]曰："政教文质，所以匡救也。当时则用之，过则舍之。"由此观之，当霸者之朝，而行王者之化，则悖矣；当强国之世，而行霸者之威，则乖矣。若时逢狙诈，正道陵夷[⑪]，欲宪章先王，广陈德化，是犹待越客以拯溺，白[⑫]大人以救火。善则善矣，岂所谓通于时变欤？夫霸者，驳[⑬]道也。盖白黑杂合，不纯用德焉。期于有成，不问所以；论于大体，不守小节。虽称仁引义，不及三王；而扶颠定倾[⑭]，其归一揆[⑮]。恐儒者溺于所闻，不知王霸殊略，故叙以长短术，以经论通变者。创立题目，总六十有三篇，合为十卷，名曰《长短经》。大旨在乎宁固根蒂，革易时弊。兴亡治乱，具载诸篇。为沿袭之远图，作经济之至道，非欲矫世夸欲，希声慕名。辄露见闻，逗机来哲。凡厥[16]有位，幸望详焉。

【注释】

①舆：车。

②伎业：即职业。伎：通“技”，技艺，本领。

③驰骛之曹：纵横奔走的一类人，意说进取之辈。曹，等，辈。

④奇正：古时兵法术语。古代作战以对阵交锋为正，设伏掩袭等为奇。奇：音机。

⑤风尘之会：指战乱发生之际。风尘，比喻战乱。会，时机。

⑥向时：从前，昔日。

⑦萌：萌芽。

⑧成务：成就事业。

⑨管子：春秋时期齐国人管仲，政治家、军事家，法家代表人物。

⑩邹子：战国末期齐国人邹衍，道家代表人物，阴阳家创始人。

⑪陵夷：指衰败，走下坡路。

⑫白：告，对……说；呼吁。

⑬驳：不纯净，杂。

⑭扶颠定倾：扶持危局，安定险势。颠与倾同义，皆为倒、危的意思。

⑮揆：音葵，道理，准则。

⑯凡厥：凡是。

【译文】

赵蕤说：匠工中，制成车子的人，担忧别人不富贵（而买不起他的车）；制作箭矢的人，唯恐自己做的箭矢不伤人（而没人买他的箭）。他们这样做，难道是对别人有意心存爱憎吗？只不过各自所从事的职业不同而促使他们有迥异的考虑罢了。由此可知，当代有学之士，谋求进取之辈，读了纵横谋略之书，想的就是诸侯间的攻伐变乱；擅长奇正之术，念的就是社会的战乱动荡。这些也是以前就有的论说，人情世故的必然之理。所以先师孔子深刻探究它的本质，又深深担忧它的后果，于是创作了《春秋》，以光大王道；著述了《孝经》，来褒奖德行。防萌杜渐，预先有所抑制，这就是圣人著书立说的根本用意。然而制定法律制度运用于治理国家，当其弊端出现时必定会导致混乱。如果到产生动乱的地步，将采取什么方法进行救治呢？因此统御国家、治理人民，很少听说因循守旧、一成不变的。夏、商、周三代有不同的礼制，春秋五霸有不同的法规。他们彼此间并非有意要反其道而行之，而是为了用不同的方针政策来救偏补弊。因此，国与国之间礼仪风貌虽然一致，但忠恕之道、教化之制必然不同；代与代之间虽有古圣先哲的同风化育，但各个帝王的名号往往有别。这难道不是因时设教沿袭此法、因物制宜承继彼法吗？沿袭此法者，方法醇厚还是淡薄决定于所遭遇的时事；承继彼法者，其治国方法为王道还是霸道同样决定于所遭遇的时宜。所以古代治理天下的政策有三种：王道政治重在教化，霸道政治重在威慑，强国政治重在胁迫。各有各的适用对象，是不可随意替代的。管仲说："圣德之人能够顺应、辅佐时势，不能违背时势。智慧之人虽善于谋划，但不如顺应时势更高明。"邹衍说："政治教化无论形式还是内容，都是用来匡正时弊、补救失误的。符合时势就采用它，不符合时势就舍弃它。”由此看来，正值运用霸道的朝代却实行王道的教化，是有所悖逆的做法；正值运用强国之政的时代而施以霸者的威慑，也是不和谐的做法。如果时逢狡诈横行，传统正道破坏殆尽，还想遵顺先王，广泛推行道德教化，这就好比等待会水的越人来拯救溺水者，呼吁尊贵的人进火场救火一样徒劳。尽管愿望很好，但这能说是精通于时变的做法吗？所谓霸道，就是杂道。也就是所谓黑白杂糅，不单纯施用道德教化吧。这种统治方法只求成功，而不问为什么成功；只强调总体成效，而不拘泥于细枝末节。它虽在张扬仁义道德方面远比不上夏、商、周三王，但其扶持危局、安定险势的效用与三王之道可谓殊途同归。笔者唯恐愚腐的儒生们沉溺于狭隘的见闻，不懂得王道和霸道的不同，所以专门阐述长短之术，来论证变通的道理。创立的题目，共有六十三篇，合起来为十卷，书名叫《长短经》。大体宗旨在于维护和巩固统治根基，革除和改变现时弊病。朝代的兴与亡、国家的治与乱，都具体记载于诸篇之中了。是为求取长治久安的深远谋略，总结经世致用的至上真理，而非借此哗众取宠，博取虚名。只希望自己的这一点见解表达出来，抛砖引玉，为后世明哲们所参考。在位诸君，敬请详察。

卷一　文上

大体

【题解】

本篇主要讲识大体而弃细务这一帝王之道。作者认为，帝王治理国家，要合理任用官员、充分发挥其长处；而帝王自己，则要提高修养，真正站在管理国家的高度上，避免自己陷入烦琐具体事务之中。

【原文】

臣闻老子曰："以正理国，以奇用兵，以无事取天下。"荀卿①曰："人主者，以官人②为能者也；匹夫者，以自能为能者也。"傅子③曰："士大夫分职而听，诸侯之君分土而守，三公总方而议，则天子拱己④而正矣。"

何以明其然耶？当尧之时，舜为司徒，契⑤为司马，禹为司空，后稷⑥为田畴，夔⑦为乐正，倕⑧为工师，伯夷为秩宗⑨，皋陶⑩为理官⑪，益⑫掌驱禽。尧不能为一焉，奚以为君？而九子者为臣，其故何也？尧知九赋之事，使九子各授其事，皆胜其任以成九功。尧遂乘成功以王天下。

【注释】

①荀卿：即荀子，名况，时人尊号为卿。战国著名思想家、儒家学派代表人物之一，著有《荀子》。

②官人：任命别人官职。

③傅子：即傅玄。西晋哲学家、文学家和思想家，撰有《傅子》。

④拱己：即垂拱，垂衣拱手，不亲理政务，意指无为而治。

⑤契：字本作偰，音谢，五帝之一帝喾（音酷）之子，帝尧的异母弟，相传为帝喾后妃简狄吞玄鸟之卵而生。他出生于上古时代的商，是商族的祖先。

⑥后稷：帝喾嫡长子，母姜嫄，尧舜时期掌管农业之官，周朝始祖。他好耕农，相地之宜，善种谷物稼穑，民皆效法，被尧举为“农师”，被舜赐号“后稷”。

⑦夔：音葵，我国古代著名音乐家。

⑧倕：音垂，相传为中国上古尧舜时代的一名巧匠，善做弓、耒（音垒）、耜（音四）等。

⑨秩宗：古代官名，由太常改称而来，即掌管宗庙祭祀之官，后世用为礼部的习称。

⑩皋陶：亦作皋繇，音高尧，上古时期伟大的政治家、思想家、教育家，被史学界和司法界公认为中国司法鼻祖。他是与尧、舜、禹齐名的“上古四圣”之一。

⑪理官：即司法官，后常为狱官或狱神的代称。

⑫益：即伯益，亦作伯翳、柏益，五帝中颛顼（音专需）的后代。舜时因善于狩猎与畜牧，被推为九官之一的虞官，负责治理山泽，管理上下草木鸟兽，并辅助舜调驯鸟兽，以此功绩，受帝舜赐姓嬴，是为嬴姓之始祖。

【译文】

我知道老子说过：“以正道治理国家，以奇法调兵作战，以无为夺取天下。”荀子说：“做帝王的，知人善任才算贤能；普通百姓，则以自身能干为有才能。”傅子说：“士大夫各司其职，服从命令；诸侯国的君主分到封地，牢牢守护；朝廷三公总揽天下大事并参政议政，这样，天子就可以优哉游哉地无为而治了。”

如何能证明这个道理呢？在尧的时代，舜做司徒，契做司马，禹做司空，后稷管农业，夔管礼乐，倕管各行业工匠，伯夷掌管祭祀，皋陶负责司法，伯益负责调驯鸟兽。这些具体的工作，尧一件也不做，怎么能做帝王呢？而这九个人心甘情愿做他的臣子，又怎么可能呢？这是因为，尧懂得这九种职务各应承担什么职责，然后对九个人量才使用，使之分担各自适合的官务，他们也就都能胜任其职并由此个个成就了一番事业。尧于是凭借他们成就的功业而统治了天下。

【原文】

汉高帝曰：“夫运筹策[①]于帏幄之中，决胜于千里之外，吾不如子房[②]；镇国家，抚百姓，给饷馈[③]，不绝粮道，吾不如萧何；连百万之军，战必胜，攻必取，吾不如韩信。三人者，皆人杰也，吾能用之，此吾所以有天下也。”

【注释】

①筹策：本指竹码子，古时计算用具，意为筹算、谋划。

②子房：即张良，秦末汉初杰出的谋士、大臣，与韩信、萧何并称为“汉初三杰”。

③饷馈：军粮或军队的俸给。饷，音响。

【译文】

汉高祖说：“运筹帏幄之中，决胜千里之外，我不如张良；定国安邦，安抚百姓，供应军需，保证粮道畅通，我不如萧何；统领百万大军，战无不胜，攻无不取，我不如韩信。这三个人，都是人中的精英。但是我会任用他们，这就是我夺取天下的原因所在。”

【原文】

故曰，知人者，王道也；知事者，臣道也。无形者，物之君也；无端者，事之本也。鼓不预[1]五音[2]，而为五音主；有道者，不为五官之事，而为理事之主。君守其道，官知其事，有自来矣。

【注释】

①预：同“与”，参与。

②五音：中国五声音阶中的角、徵（音止）、宫、商、羽五个音级。

【译文】

所以说，知人善任，是为君之道；善于处事，是为臣之道。无形的东西，才是有形之万物的主宰；看不见源头的东西，才是世事人情的根本。鼓发出的声音不在五音之内，却能做五音的主导；掌握了君道真谛的人，不去做文武百官各自负责的具体事情，才可以成为治理国家的统治者。君主恪守任人之道，百官各司其事，自古以来就是这样的。

【原文】

先王知其如此也，故用非其有，如己有之，通乎君道者也。人主不通主道者，则不然。自为之，则不能任贤；不能任贤，则贤者恶之。此功名之所以伤，国家之所以危。汤武一日而尽有夏商之财，以其地封，而天下莫敢不悦服；以其财赏，而天下皆竞劝。通乎用非其有也。

【译文】

先代帝王通晓这一道理，所以才会把不是他自己的东西，当作自己的一样支配使用，善于这样做的，才算真正通达了为君之道。不通晓为君之道的人就不是这样做了。他们往往事必躬身而不会重用有才德的贤人，不任用有贤才的人，那么贤人就会厌恶他，这就是君王的名声、事业受到损害，国家政权、社会日趋危机的原因。商汤、周武王在一日之内便拥有了夏朝、商朝的全部财产，而把所取得的土地封赏给有功之臣，天下人无不心悦诚服；把所取得的财货赏赐给臣民百姓，举国上下无不相互劝勉，这就是精通充分利用自己所不具备而他人所具备的长处的做法。

【原文】

故称：设官分职，君之体也；委任责成，君之体也；好谋无倦，君之体也；宽以得众，君之体也；含垢藏疾，君之体也。君有君人之体，其臣畏而爱之，此帝王所以成业也。

【译文】

所以说设立官位，分配职务是为君之本；委派任命官员，监督他们完成任务是为君之本；善于运筹谋略而不知倦怠是为君之本；有宽容大度的雅量而又能获得大众的拥戴是为君之本；解决各种矛盾，消除各种隐患是为君之本，这些都是一国之君应当掌握的治国之道。帝王具备了这些，文武百官就会对他既敬畏又爱戴，这就是帝王成就一统大业的根本所在。

任长

【题解】

“任长”即任用别人的长处，充分发挥各种人才的优势。作为君主，在选用人才方面，一定要懂得善用其长这一道理，有时甚至可以不拘一格。如果运用得当，连贪图小利之人也能很好地发挥他的作用。否则，如果仅仅固守品行等标准，那像陈平、苏秦这样的人怎么能完成安定西汉基业、扶助弱小燕国的功业？

【原文】

臣闻料才核能，治世之要。自非圣人，谁能兼兹百行，备贯众理乎？故舜合群司，随才授位；汉述功臣，三杰异称。况非此俦[①]，而可备责耶？

【注释】

①俦：音愁，类。

【译文】

我听说考察人才、衡量才能，是治理天下的关键。既然我们不是圣人，谁又能兼通各行各业，穷极各门各科的理论呢？所以舜统管各个部门，根据各人的才能而授予不同的官职；汉高祖刘邦讲论功臣，对张良、萧何、韩信这三人的才干各有不同的封赏。何况还有种种与这些人不同的人等，怎么可以求全责备呢？

【原文】

昔伊尹[①]之兴土工也，强脊者使之负土，眇[②]者使之推，伛[③]者使之涂，各有所宜，而人性齐矣。

【注释】

①伊尹：商代大臣。本是汤妻陪嫁的奴隶，后受汤赏识，并助汤伐夏桀，建立商朝。

②眇：音渺，瞎了一只眼睛。

③伛：音羽，曲，意为驼背。

【译文】

从前伊尹负责土木建设时，用脊力强健的人来背土，独眼人来推车，驼背的人来涂抹，各人做其适宜做的事，从而使每个人的特点都得到充分发挥。

【原文】

管仲曰：“升降揖让，进退闲习[①]，臣不如隰朋[②]，请立以为大行[③]；辟土聚粟，尽地之利，臣不如宁戚[④]，请立以为司田；平原广牧，车不结辙[⑤]，士不旋踵，鼓之而三军之士视死如归，臣不如王子城父[⑥]，请立以为大司马；决狱折中[⑦]，不杀不辜，不诬不罪，臣不如宾胥无[⑧]，请立以为大理[⑨]；犯君颜色，进谏必忠，不避死亡，不挠[⑩]富贵，臣不如东郭牙[⑪]，请立以为大谏[⑫]。君若欲治国强兵，则五子者存焉；若欲霸王，则夷吾在此。”

【注释】

①闲习：熟习。闲，通“娴”。

②隰朋：春秋时期齐国著名大夫，善待人接物，故被任命负责外交的大臣。隰，音袭。

③大行：古代官名，掌接待宾客。

④宁戚：春秋时卫国人，早年怀经世济民之才而不得志。以《宁戚歌》干谒齐桓公，得拜为大夫，后长期任齐国大司田，为齐桓公主要辅佐者之一。

⑤结辙：辙迹交错，谓退车回驶。

⑥王子城父：春秋时期齐国著名将领。

⑦决狱折中：决狱，判决诉讼的案件；折中，取正、调节。

⑧宾胥无：春秋时期齐国大夫，是辅佐齐桓公的重要大臣之一。

⑨大理：古代官名，掌刑狱。

⑩挠：弯曲，喻屈服。

⑪东郭牙：春秋时期齐国著名谏臣。

⑫大谏：官名，掌谏诤。

【译文】

管仲说："升降、揖让等各种进退有序的朝班礼仪，我不如隰朋熟悉，请任命他来做大行。开垦荒地、聚集粮食，充分发挥地利，发展农业，我不如宁戚，请任命他来做司田。在平坦广阔的战场上，能指挥战车往来冲杀而不混乱，将士勇往直前，义无反顾，战鼓擂响后能使三军兵将视死如归，这方面我不如王子城父，请任命他来做大司马。处理案件，秉公执法，不滥杀无辜，不诬陷无罪之人，我不如宾胥无，请任命他来做大理。敢于犯颜直谏，不畏权贵，尽职尽忠，不避杀身之祸，不屈服于富贵权势，我不如东郭牙，请任命他来做大谏。君王若想富国强兵，那么有这五个人就够了。若想成就霸业，那就得靠我管仲了。"

【原文】

黄石公[①]曰："使智，使勇，使贪，使愚。智者乐立其功，勇者好行其志，贪者决取其利，愚者不爱其死。因其至情而用之，此军之微权也。"

【注释】

①黄石公：传说是秦末汉初著名隐士之一，后得道成仙，被道教纳入神仙谱。

【译文】

黄石公说："要起用有智谋、有勇气、贪婪甚至愚钝的人。设法使智者争相立功，使勇者得遂其志，使贪者为逐利而不顾一切，使愚者不贪生怕死。根据他们每个人的至真性情予以使用，这就是用兵时最微妙的权谋。"

【原文】

《淮南子》曰："天下之物莫凶于溪毒[①]，然而良医橐[②]而藏之，有所用也。麋之上山也，大章[③]不能跂[④]，及其下也，牧竖[⑤]能追之。才有修短也。胡人便于马，越人便于舟。异形殊类，易事则悖矣。"

【注释】

①溪毒：附子，多年生草本植物，俗称僧鞋菊。叶茎有毒，根尤剧，可入药，对虚脱、水肿、霍乱等有疗效。

②橐：音陀，袋子，这里指用袋子装。

③大章：太章，相传为禹臣，善走。

④跂：通"企"，及，赶得上。

⑤牧竖：牧童。

【译文】

《淮南子》说："天下的物品没有毒过附子这种草药的，但是高明的医生却把它装进药袋里收藏起来，因为它有独特的药用价值。麋鹿上山的时候，善走的太章都追不上它，等它下山的时候，牧童也能追得上。可见在不同的环境中，才能会有长短之别。胡人骑马方便，越人乘船方便。虽然情形不同、种类互异，但一旦调换过来去行事，就有违事理了。"

【原文】

魏武诏曰："进取之士，未必能有行。有行之士，未必能进取。陈平[①]岂笃行，苏秦[②]岂守信耶？而陈平定汉业，苏秦济弱燕，任其长也。"

【注释】

①陈平：西汉初年著名大臣，在追随刘邦之初曾被人指责有受惠、"盗嫂"等不端品行，而刘邦任用不疑。后屡立奇功。

②苏秦：字季子，东周洛阳人。主张关东六国联合抗击秦国，是与张仪齐名的纵横家代表人物。

【译文】

魏武帝曹操下诏说："有进取心的人，未必一定有德行。有德行的人，不一定有进取心。陈平难道有忠厚品行？苏秦难道诚信守诺？然而陈平奠定了汉王朝的基业，苏秦拯救了弱小的燕国，原因就在于他们的特长都得到了充分发挥。"

【原文】

由此观之，使韩信下帏[①]，仲舒当戎，于公[②]驰说，陆贾[③]听讼，必无曩时[④]之勋，而显今日之名也。故任长之道，不可不察。

【注释】

①下帏：即"下帷"，放下室内悬挂的帷幕，指教书或苦读，不问世事。

②于公：西汉东海郯（音谈，今山东郯城）人，汉宣帝时丞相于定国之父。他精通法律，治狱勤谨，以善于决狱而为时人所称赞。

③陆贾：西汉政治家、文学家，著有《新语》等。

④曩时：往时，从前。

【译文】

由此看来，让韩信在家中苦读，让董仲舒去带兵打仗，让于公去游说诸侯，让陆贾去听讼断案，谁也不会创立先前那样济世的功勋，也就不会有今天这样的美名。所以任用人之长处的原则，不能不仔细研究。

品目

【题解】

人与人相比，德有高下，性有贤愚。帝王管理国家，关键在于人才的选择与任用。因此，练就一双慧眼，洞察人心，品评所面对的人才，就是帝王之要务了。作者在此列出了圣、贤、君子、士和庸人的区别分析，足资参考。

【原文】

夫天下重器①，王者大统，莫不劳聪明于品材，获安逸于任使。故孔子曰："人有五仪②：有庸人、有士人、有君子、有圣、有贤。审此五者，则治道毕矣。"

【注释】

①重器：国家的宝器，意指治国的关键。

②仪：容貌、风度，此处引申为人的内在品性。

【译文】

国家社稷的宝器所在，天下的一统和延续，没有比劳心费神辨别人才之高下，并量才使用更重要的了，如此才能获得安逸。所以孔子说："人可分五类：庸人、士人、君子、圣人、贤人。能详察这五类人并分别妥当运用，那么就算掌握长治久安之道了。"

【原文】

所谓庸人者，心不存慎终之规，口不吐训格之言①，不择贤以托身，不力行以自定，见小暗大②而不知所务，从物如流而不知所执。此则庸人也。

【注释】

①训格之言：指可以奉为行为准则的教诲之言。

②见小暗大：指小事清楚，大事糊涂。

【译文】

所谓庸人，就是内心深处没有谨慎善终的信念；说话口无遮拦，没有可奉为教诲之言的；不选择贤德之人结交朋友以依靠；不愿努力以使自己在社会上立命安身；目光短浅，不识大局，不知道自己应该干什么；沉迷于声色犬马，随波逐流而毫无主见。有诸如此类表现的，就是庸人。

【原文】

所谓士人者，心有所定，计有所守。虽不能尽道术之本，必有率[①]也；虽不能遍百善之美，必有处也。是故智不务多，务审其所知；言不务多，务审其所谓；行不务多，务审其所由。智既知之，言既得之，行既由之，则若性命形骸之不可易也。富贵不足以益，贫贱不足以损。此则士人也。

【注释】

①率：有遵循之意，与后文的“处”互文。

【译文】

所谓士人，内心有坚定的信念，做事有计划。虽不能精通大道和治人的根本，但向来都有自己坚持的主张；虽不能把各种善行做得十全十美，但必定有自己为人处世的一贯原则。因此，士人的智慧不要求有多高深，只要通彻明了他所知道的；讲话不求能言善辩，只要他所述中肯简要；他所完成的事业不一定很多，只要每做一件事都明白为什么。他的思想既然非常明确，言语既然扼要得当，做事既然有根有据，犹如人的性命和形体一样和谐统一，不可更改。所以富贵了，也看不出对他有何增益；贫贱了，也不会对他有什么损失，这就是士人的主要特点。

【原文】

所谓君子者，言必忠信而心不忌，仁义在身而色不伐[①]，思虑通明而辞不专，笃行信道，自强不息，油然若将可越而终不可及者。此君子也。

【注释】

①伐：自夸。

【译文】

所谓君子，说话一定诚实守信，心中对人不存忌恨；身秉仁义但从不向人夸耀；通情明理，但说话从不专横武断；行为一贯，守道不渝，自强不息；看起来超过他们很容易，然而终究不可企及。这是真正的君子。

【原文】

所谓贤者，德不逾闲[①]，行中规绳，言足法于天下而不伤其身，道足化于百姓而不伤于本。富则天下无菀[②]财，施则天下不病贫。此则贤者也。

【注释】

①闲：法。

②菀：音韵，积。

【译文】

所谓贤人，品德不会逾越法度，行为完全合于规范，其言论足以被天下人奉为道德准则而不遭人毁誉，其思想足以教化百姓而不损伤道德的本体。能使人民富有，却看不到天下有积压的财物；引导民众好善乐施，天下人却不因此而担忧贫困。这就是贤人。

【原文】

所谓圣者，德合天地，变通无方，穷万事之终始，协庶品[①]之自然，敷[②]其大道[③]而遂成[④]情性[⑤]，明并日月，化行若神，下民不知其德，睹者不识其邻[⑥]。此圣者也。

【注释】

①庶品：犹众物，万物。

②敷：传布。

③大道：指圣人之道。

④遂成：养成；成就。

⑤情性：本性。

⑥邻：界限。

【译文】

所谓圣人，自身的品德修为已与天地的自然法则融为一体，练达人事，变通无穷，洞悉万事运行发展的规律，协和万物，顺应自然，传布其思想道德从而自然而然地发挥民众的和谐本性；圣明的统治可与日月同辉，教化的推行有如神助；百姓不能明白他的品德有多么崇高伟大，即使见到一点，也不能真正了解其德性的边际在哪里。这就是圣人。

【原文】

《钤经》[①]曰："德足以怀远，信足以一异，识足以鉴古，才足以冠世，此则人之英也；法足以成教，行足以修义，仁足以得众，明足以照下，此则人之俊也；身足以为仪表，智足以决嫌疑，操足以厉贪鄙，信足以怀殊俗，此则人之豪也；守节而无挠，处义而不怒，见嫌不苟免，见利不苟得，此则人之杰也。"

【注释】

①《钤经》：即《玉钤经》，又称黄石公《素书》。传说黄石公三试张良，而后把此书授予张良，张良凭借此书，助刘邦定江山。钤，音前。

【译文】

《钤经》上说："如果一个人的品德之高足以让远方的人慕名而来，信誉之厚足以把形形色色的人凝聚在一起，见识之深足以照鉴古人的正误，才学之广足以冠绝当代，这样的人就可以称作人中精英；如果一个人的理论规范足以教化世人，言行举止足以引为道义楷模，仁爱之心足以获得众人的拥戴，英明果断足以洞悉下情，这样的人就是人中之俊；如果一个人的形象足以做他人的仪表，智慧足以决断疑难，操行足以警策卑鄙贪婪之人，信誉足以团结生活习俗不同的人们，这样的人就是人中豪士；如果一个人能恪守节操而百折不挠，恒守大义而毫无愤怒，遇到有嫌隙的人和事而不苟且求免，见到利益而不苟且获取，这样的人就是人中之杰。"

【原文】

《家语》[1]曰："昔者明王必尽知天下良士之名，既知其名，又知其实，然后用天下之爵以尊之，则天下理也。"此之谓矣。

【注释】

①《家语》：即《孔子家语》。

【译文】

《孔子家语》说："从前贤明的君主，必定要对普天下的贤士都了如指掌，既了解他们的名声，又了解他们的实际才能，然后授予他们相应的官爵以示尊崇，这样就天下大治了。"道理就是这样的。

量才

【题解】

从古至今，人才一直是家国发展的重要因素，因而深受重视。能否得到优秀的人才并合理使用他们，甚至决定了君王功业的成败。但作者也提到，君王本身的修养也决定了会有什么样的人亲附。可见，作为君王，提高自身修养与择用人才同样关键。

【原文】

夫人才能参差，大小不同。犹升不可以盛斛[①]，满则弃矣。非其人而使之，安得不殆[②]乎？故伊尹曰："智通于大道，应变而不穷，辩于万物之情，其言足以调阴阳，正四时，节风雨。如是者，举以为三公[③]。"故三公之事常在于道。不失四时，通于地利，能通不通，能利不利，如是者，举以为九卿[④]。故九卿之事常在于德。通于人事，行犹举绳[⑤]，通于关梁[⑥]，实于府库，如是者，举以为大夫。故大夫之事常在于仁。忠正强谏而无有奸诈，去私立公而言有法度，如是者，举以为列士。故列士之事常在于义也。故道德仁义定而天下正。"

【注释】

①斛：音胡，中国旧量器名，亦是容量单位，一斛本为十斗，后来改为五斗。

②殆：危。

③三公：中国古代朝廷中最尊显的三个官职的合称。周代已有此词，西汉今文经学家据《尚书大传》《礼记》等书以为三公

指司马、司徒、司空。古文经学家则据《周礼》以为太师、太傅、太保为三公。

④九卿：古代中央政府九大职能部门长官的总称，其所指时有变化，秦代以奉常、郎中令、卫尉、宗正、太仆、廷尉、典客、治粟内史、少府为九卿。

⑤绳：准绳，规范。

⑥关梁：关口和桥梁，泛指水陆交通必经之处。这些地方往往设防戍守或设卡征税。

【译文】

人的才能参差不齐、大小不一，就像用容器盛物，一升的量难以装下一斛的东西，满则外溢，溢出来只能浪费丢弃。（用人也是同样的道理，）用了不该用的人，怎么能没有危险呢？所以伊尹说："如果智慧能洞明天地玄机，顺应事物的变化而随时调整，明辨万物发展的情况，言论足以用来调合阴阳，端正四季，掌握风调雨顺的规律。这样的人，要推举他做三公。所以三公所做的事常常符合天地之道。不违背四季节令，通晓自然地理，疏通堵塞的环节，化解不顺利的局面，这样的人，推举他做九卿。所以九卿所做的事常常符合品德修为。通达世事人情，举动合乎规范，通晓关隘赋税相关法令，保障国库的充实，这样的人，推举他做大夫。所以大夫所做的事常常符合仁爱。忠心正直、犯颜直谏而没有奸诈之心，大公无私，讲话符合国家法规，这样的人要推举他做列士。所以列士所做的事常常符合道义。这样，道、德、仁、义确立之后，天下就得到治理、走上正轨了。"

【原文】

太公曰："多言多语，恶口恶舌，终日言恶，寝卧不绝，为众所憎，为人所疾[①]。此可使要遮闾巷[②]，察奸伺[③]祸。权数好事，夜卧早起，虽剧[④]不悔，此妻子之将也。先语察事，劝而与食，实长希言，财物平均，此十人之将也。忉忉[⑤]截截[⑥]，垂意[⑦]肃肃，不用谏言，数行刑戮[⑧]，刑必见血，不避亲戚，此百人之将也。讼辩好胜，嫉贼侵凌，斥人以刑，欲整一众，此千人之将也。外貌怍怍[⑨]，言语时出，知人饥饱，习人剧易[⑩]，此万人之将也。战战栗栗，日慎一日，近贤进谋，使人知节，言语不慢，忠心诚毕，此十万人之将也。温良实长，用心无两[⑪]；见贤进之，行法不枉，此百万人之将也。勋勋纷纷，邻国皆闻，出入豪居，百姓所亲，诚信缓大，明于领世，能效成事，又能救败，上知天文，下知地理，四海之内，皆如妻子，此英雄之率，乃天下之主也。”

【注释】

①疾：与前文“憎”同义，恨。

②闾巷：古时，二十五家为一闾，后来称居民的区域为闾里、闾巷。泛指乡里民间。

③伺：观察，探察，侦察。

④剧：繁忙，意为操劳。

⑤忉忉：忧思貌。忉，音刀。

⑥截截：巧辩貌。

⑦垂意：留意。

⑧刑戮：指各种刑罚。

⑨怍怍：惭愧貌，这里指做出谦卑的样子。怍，音做。

⑩剧易：轻重，难易。

⑪无两：即不二。

【译文】

姜太公说："平日唠唠叨叨，嘴巴不干不净，整天如此，贪睡不起，为众人所憎恶。这种人可以让他管理街区，盘察坏人，发现灾祸。喜弄权术，爱管杂事，晚睡早起，任劳任怨，这种人只能管理自己的妻子儿女。有一定先见之明，也注意搜集情报，平时做事勤勉，与下属同甘苦，忠实寡言，财物分配平均，这种人只能做十个人的小头目。整天忧心忡忡，对上恭谨严肃，能言善辩，殷勤备至，对下不听劝谏，动辄施以刑罚，刑必见血，六亲不认，这种人可做一百人的首领。说话辩论时争强好胜，仇视敌人，好欺凌别人，用明确的刑罚来整齐部众，这种人可以做一千人的统帅；外貌谦卑，说话合宜，了解部属的饥饱和甘苦，这种人可以做一万人的将领；行事谨小慎微，如履薄冰，亲近贤能之人听取他们的计策，使用人有分寸，说话不傲慢，忠心耿耿，这种人是十万人的将领。温柔敦厚，用心专一，遇到贤能的人就举荐，不徇私枉法，这种人是百万人的将领；功勋卓著，名震四海，出则仪仗盛大，入则豪宅奢华，但百姓也愿意亲近他，诚信宽怀，对治理天下很有见识，能圆满地完成任务，也能补救危亡反败为胜，上知天文，下知地理，厚爱天下百姓如同自己的妻子儿女一般，这种人是英雄的首领，天下的主人。"

【原文】

经曰："智如源泉，行可以为表仪者，人师也；智可以砥砺，行可以为辅警者，人友也；据法守职而不敢为非者，人吏也；当前快意，一呼再诺者，人隶也。故上主以师为佐，中主以友为佐，下主以吏为佐，危亡之主以隶为佐。"欲观其亡，必由其下。故同明者相见，同听者相闻，同志者相从，非贤者莫能用贤。故辅佐左右所欲任使者，存亡之机，得失之要。孙武[①]曰："主孰有道？将孰有能？吾以此知胜。"之谓矣。

【注释】

①孙武：即孙子，春秋末期著名军事家，有《孙子兵法》传世。

【译文】

经书上说："智慧有如泉涌，行为堪为表率，这样的人可做导师。智慧可以与人切磋互勉，行为可以辅助和警策他人，这样的人可为良友。安分守己，奉公守法，不敢胡作非为，这样的人可为官吏。能鞍前马后满足眼前顺意，只要叫他一声，他就会连连答应，这种人可做奴仆。所以英明的君主要用堪为导师之人来辅佐自己，中等的君主要让良友来辅佐自己，下等的君主要用官吏来辅佐自己，亡国的君主却重用奴才来辅佐自己。"要想知道一个王朝是否会灭亡，只要看君主任用的是些什么人就够了。所以只有眼力一样的人才能看到同样的事物，听力一样的人才能听到同样的声音，志向一致的人才能结为团体，不是贤明的君主就不会重用贤人。所以君主身边的左右辅佐以及他所重用的人，实在是政局存亡的关键，得失的根本。孙武说："哪一国的君主有道义？哪一方的将帅有才能？我凭这一点就知道谁胜谁负了。"讲的就是这个道理。

知人

【题解】

"知人"就是了解别人。对于君王而言，"知人"是选用人才的最基本条件。但"知人"之难，古今皆然。本篇从观察人的言行举止到设置不同场合加以考验等方面总结出较为系统的"知人"经验。

【原文】

臣闻主将之法，务览英雄之心。然人未易知，知人未易。汉光武，聪听之主也，谬于庞萌；曹孟德，知人之哲也，弊[1]于张邈。何则？夫物类者，世之所惑乱也。故曰：狙[2]者类智而非智也，愚者类君子而非君子也，戆[3]者类勇而非勇也。亡国之主似智，亡国之臣似忠，幽[4]莠[5]之幼似禾，骊牛[6]之黄似虎，白骨疑象，碔砆[7]类玉，此皆似是而非也。”

【注释】

①弊：欺蒙。

②狙：狡诈。

③戆：音杠，去声。鲁莽。

④幽：隐藏。

⑤莠：狗尾草，穗有毛，很像谷子。

⑥骊牛：黑色的牛。

⑦碔砆：音武夫，美如玉的石头。

【译文】

我听说领导将帅的原则是，一定要了解手下英雄的内心世界。然而，人不容易被了解，想了解别人不容易。汉光武帝刘秀是很善于听其言知其人的皇帝，但却错误地信任了庞萌；曹操是知人善任的高手，还是让张邈蒙蔽了。这是什么原因呢？事物纷繁复杂，谁都免不了受迷乱诱惑。所以说狡诈之人看似聪明其实并不聪明；愚蠢之人看似正人君子其实不是君子；鲁莽之人看似勇敢其实并不勇敢。历史上的亡国之君貌似颇有智慧，亡国之臣往往表现得忠心耿耿，莠草的幼苗很像禾苗，黑牛长上黄色的花纹很像老虎，白骨像是象牙，色泽如玉的石头很容易与玉石混淆。这都是似是而非的事物以假乱真的情况。

【原文】

孔子曰："凡人心险于山川，难知于天。天犹有春秋冬夏、旦暮之期，人者厚貌深情。故有貌愿而益[①]，有长[②]若不肖，有顺怀[③]而达，有坚而缦[④]，有缓而钎[⑤]。"

【注释】

①愿而益：愿，忠厚貌。益，同"溢"，骄傲自满。

②长：音涨，长者。

③怀：音欢，轻慢。

④缦：同"慢"，缓慢。

⑤钎：通"焊"，急躁。

【译文】

孔子说："人心比山川还要险恶，了解人心比预测天气还难。天还有春秋冬夏和早晚的既定周期，可人呢，外貌淳厚，但其真实情感却深藏不露，所以，有的外貌忠厚温逊，内心却骄傲自满；有的貌有长者之风，实为卑鄙小人；有的外貌圆滑，内心却刚直豁达；有的看似坚强果断，实则疲沓散漫；有的看似泰然自若，可内心却总是焦躁不安。"

【原文】

太公曰："士有严而不肖者，有温良而为盗者，有外貌恭敬、中心[①]欺慢者，有精精[②]而无情者，有威威而无成者，有如敢断而不能断者，有恍恍惚惚而反忠实者，有倭倭迤迤[③]而有效者，有貌勇狠[④]而内怯者，有梦梦而反易人[⑤]者。无使不至，无使不遂[⑥]。天下所贱，圣人所贵，凡人莫知，惟有大明，乃见其际。"此士之外貌而不与中情[⑦]相应者也。

【注释】

①中心：内心。

②精精：精而又精，意为精明能干。

③迤迤：安详从容貌，这里作贬义。

④狠：凶狠，残忍。

⑤易人：轻视人。

⑥遂：达成，完成。

⑦中情：内情，内心。

【译文】

姜太公说："有人有看似庄重而实际上不正派的；有看似温柔敦厚而实际上却男盗女娼的；有外表恭敬而心里骄慢的；有貌似精明能干，其实心猿意马的；有表面威风凛凛，实际一事无成的；有看上去果敢明断而实际上犹豫不决的；有貌似稀里糊涂、懵懵懂懂，反倒忠诚老实的；有看上去拖拖拉拉，但办事却有实效的；有貌似狠辣而内心怯懦的；有自己迷迷糊糊，反而轻视别人的。有的人无所不能，无所不通，天下人却看不起他，只有圣人非常推崇他。一般人不能真正了解他，只有非常有见识的人，才会看清其真相。凡此种种，都是人的外貌和内心不统一的复杂现象。"

【原文】

知此士者而有术焉。微察问之，以观其辞；穷之以辞，以观其变；与之间谋，以观其诚；明白显问，以观其德；远使以财，以观其廉；试之以色，以观其贞；告之以难，以观其勇；醉之以酒，以观其态。

【译文】

想真正了解这些外貌和内心不一致的士人，还是有方法的。暗中详察然后提问，看他如何回答；追问到底，看他如何应变；让他参与策划某些秘密，看他是否诚实；直来直去地提问，看他德行如何；让他到偏远之处管理财货，看他是否清廉；用美色试探他，看他是否守住贞操；把危难之事告诉他，看他是否勇敢。让他喝醉酒，看他是否失态。

【原文】

《庄子》曰："远使之，而观其忠；近使之，而观其敬；烦使之，而观其能；卒然[①]问焉，而观其智；急与之期，而观其信；难之以处而观其色。"

【注释】

①卒然：突然。卒，同"猝"，音促。

【译文】

《庄子》说："派人赴任远方，来看一个人是否忠诚；让他就近供职，来看他是否恭敬尽职；让他一直做繁杂的工作，看他才能如何；突然向他提问，看他是否机智；同他仓促约定，看他是否守信；置其与危难之地，来观察他的神色变化。"

【原文】

《吕氏春秋》曰："通，则观其所礼；贵，则观其所进；富，则观其所养；听，则观其所行；近，则观其所好；习，则观其所言；穷，则观其所不爱；贱，则观其所不为。喜之，以验其守；乐之，以验其僻；怒之，以验其节；哀之，以验其仁；苦之，以验其志。"

【译文】

《吕氏春秋》说："仕途顺利时要看他是否骄慢无礼；显贵时看他所举荐的人是什么样子；富裕时看他是否能惠及众人。听他所言之后看他做不做，如何做，能够接近时观察其喜好，熟悉之后要体味其言语的真义，走投无路时看他是否不受非分之财；贫贱时看他是否不做非义的事情。投其所好，以检验他的操守；使之快乐，以检验他有什么癖好；令之愤怒，以检验他的自制力；使之悲伤，以检验他的仁爱之心；置之于困苦的境地，以检验他的意志。”

【原文】

经[①]曰：“任宠之人，观其不骄奢；疏废之人，观其不背越；荣显之人，观其不矜夸；隐约[②]之人，观其不慑惧；少者，观其恭敬好学而能悌；壮者，观其廉洁务行而胜其私；老者，观其思慎，强其所不足而不逾。父子之间，观其慈孝；兄弟之间，观其和友；乡党之间，观其信义；君臣之间，观其忠惠。”此之谓观诚。

【注释】

①经：这段文字出自于《逸周书·官人》。

②隐约：穷困不得志，与前文“荣显”相对。

【译文】

经书上说：“受重用、宠信的人，要看他会不会骄奢淫逸；被疏远、闲置的人，要看他有什么背叛或越轨行为；荣贵显达的人，要看他是否因此而骄傲自夸；困厄不得志的人，看他是否能做到不畏权贵；青少年，要看他能否恭敬好学又能与兄弟和睦相处；壮年人，要看他能否廉洁务实而无私奉献；老年人，要看他是否思虑谨慎，仍加强自身所不足的地方却不逾法逞强。父子之间，要看他们是否慈爱有加；兄弟之间，要看他们是否和睦友善；乡邻之间，要看他们是否诚信守义；君臣之间，要看他们是否仁爱忠诚。”以上讲的就是观察诚心的方法。

【原文】

《人物志》曰：“骨植而柔者，谓之弘毅。弘毅也者，仁之质也。气清而朗者，谓之文理[1]。文理也者，礼之本也。体端而实者，谓之贞固。贞固也者，信之基也。筋劲而精者，谓之勇敢。勇敢也者，义之决也。色平而畅者，谓之通微。通微也者，智之原也。五质恒性，故谓之五常。”

【注释】

①文理：礼仪。

【译文】

《人物志》说：“骨子里坚硬而外表柔和，就是所谓的宽广刚毅。宽广刚毅是仁爱的本质表现。气质清新而明朗，就是有礼仪之范。礼仪之范是礼的基础。体态端正而结实，就是坚贞安定。坚贞安定是信的根基。筋脉强劲而有精神，就是勇敢。勇敢是义的前提。气色平和而畅达，就是见微知著。见微知著是智慧的本原。人的这五种特性是不可变更的，所以称之为五常。”

【原文】

故曰：“直而不柔则木，劲而不精则力，固而不端则愚，气而不清则越，畅而不平则荡。然则，平陂[1]之质在于神，明暗之实在于精，勇怯之势在于筋，强弱之植在于骨，躁静之决在于气，惨怿[2]之情在于色，衰正之形在于仪，态度之动在于容，缓急之状在于言。若质素平淡，中睿外朗，筋劲植固，声清色怿，仪崇容直，则纯粹之德也。”

【注释】

①平陂：平正偏邪。陂，音必。

②惨怿：惨，悲伤。怿，音意，高兴。

【译文】

所以说：“只有劲直但不柔软就是木然；强劲而不精纯就

是徒有死力；光是坚定但不端正就是愚钝；有血性但不精纯就会放纵；性格开朗但心气不平和就是放荡。然而，性情平正坦荡还是偏邪猥琐的本质取决于神气；聪明还是愚昧取决于精气；勇敢或怯懦取决于筋力；强健或纤弱的根源在于骨植；脾性急躁还是沉静取决于血气；心情苦闷还是高兴表现在气色上；状态低落还是端重在于仪表；态度的变化表现在脸上；情绪的和缓、急躁流露于言谈之中。如果是心性质朴纯洁，平和怡淡，内心聪慧，外表开朗，筋骨结实，声音清爽，气色和悦，仪表高洁，容颜端方，这是具有纯粹品格人的象征啊。”

【原文】

夫人有气，气也者，谓诚在其中，必见诸外。故心气粗厉者，其声沉散；心气详慎者，其声和节；心气鄙戾者，其声粗犷；心气宽柔者，其声温润。信气中易，义气时舒，和气简略，勇气壮立。此之谓听气。

【译文】

人都有精气，所谓精气，如果是内在实有，就一定会表现出来。因此，心气粗豪之人，他的声音就会沉重而散漫；心气安详谨慎之人，他的声音就显得平和而有节奏；心气鄙薄乖戾之人，他的声音就粗犷；心气宽缓柔顺之人，他的声音就温和圆润。讲信义的人，心气柔和平易；讲义气的人，心气从容不迫；和气安详的人，心气简易随和；有勇气的人，心气雄壮奇绝。用这种方法来观察人，叫作“听气”。

【原文】

又有察色。察色，谓心气内蓄，皆可以色取之。夫诚智，必有难尽之色；诚仁，必有可尊之色；诚勇，必有难慑之色；诚忠，必有可观之色；诚洁，必有难污之色；诚贞，必有可信之色。质色浩然固以安，伪色曼然乱以烦。此之谓察色。

【译文】

还可以用“察色”的方法了解一个人。所谓察色就是说，人的心气虽然隐藏在内心深处，但可以通过人的脸色去把握它。真正聪慧的人必定会表现出难以言说、无法穷尽的神色；真正仁厚的人必定具有令人尊敬的神色；真正勇敢的人必定具有凛然无惧的神色；真正忠诚的人必定具有令人赏心悦目的神色；真正高洁的人必定具有难以玷污的神色；真正有节操的人必定具有值得信任的神色。质朴的神色浩气凛然，坚强而稳定；伪饰的神色游移不定，让人烦燥不安。这就叫作“察色”。

【原文】

又有考志。考志者，谓方与之言，以察其志。其气宽以柔，其色检[①]而不谄，其礼先人，其言后人，每自见其所不足者，是益人也。若好临人以色，高人以气，胜人以言，防其所不足，而废其所不能者，是损人也。其貌直而不侮，其言正而不私，不饰其美，不隐其恶，不防其过者，是质人也。若其貌曲媚，其言谀巧，饰其见物，务其小证，以故自说者，是无质人也。喜怒以物而色不作，烦乱以事而志不惑，深导以利而心不移，临慑以威而气不卑者，是平心固守人也。若喜怒以物而心变易，乱之以事而志不治，示之以利而心迁动，慑之以威而气恇[②]惧者，是鄙心而假气人也。设之以物而数决，惊之以卒而屡应，不文而慧者，是有智思之人。若难设以物，难说以言，守一而不知变，固执而不知改，是愚很人也。若屏言而勿顾，自私而不护，非是而强之，是诬嫉人也。此之谓考志。

【注释】

①检：收敛，约束。

②恇：音匡，怯弱貌。

【译文】

还有“考志”的方法可以知人。所谓考志，就是通过与对方当面交谈来观察他的心志。如果一个人语气宽缓柔和，神色恭敬而不谄媚，先于人施礼，后于人发言，常常主动表露自己的不足之处，这样的人是对人有裨益的。如果神色盛气凌人，话语上总想占上风，想方设法掩盖自己的不足，也不虚心弥补才能不及别人之处，这种人只会损害别人。如果一个人神情坦率而不轻慢，言谈正直而不偏私，不粉饰自己的美德，不隐藏自己的恶习，不遮掩自己的过失，这是质朴的人。如果一个人的神情总是讨好别人，言谈竭尽阿谀奉承，好做表面文章，尽量表现他微不足道的善行，因此而自鸣得意，这是虚伪的人。假如一个人的喜怒不因外物的变化而表现出来，不因烦乱琐事缠身而心志迷惑，不为厚利的诱惑而心动，不因权势的威胁而卑躬屈膝，这是内心平静、坚贞不屈的人。如果因外在事物的变化而喜怒无常，因事情繁杂而心烦意乱，见了蝇头小利就怦然心动，一受威胁就软弱屈服，这是心性鄙陋、志气不坚的人。如果一个人能适应种种状态而数次果断决策，面对突发情况能频频沉着应变，出言不具文采但颇有智慧，这是富有才思的人。假如一个人不能适应各种变化的情况，又不听人劝说，墨守成规而不懂得变通，固执己见而不懂得改革，这是愚钝固执的人。如果一个人丝毫不听他人的意见，自私自利而毫不掩饰，颠倒黑白，强词夺理，这是诬陷而忌妒他人的人。以上说的就是“考志”的方法。

【原文】

又有测隐。测隐者，若小施而好得，小让而大争，言愿以为质，伪爱以为忠，尊其行以收其名，此隐于仁贤。若问则不对，详而不穷，貌示有余，假道自从[①]，困之以物，穷则托[②]深。此隐于艺文也。若高言以为廉，矫厉以为勇，内恐外夸，亟[③]而称说[④]，以诈气临人。此隐于廉勇也。若自事君亲而好以告人，饰其见物而不诚于内，发名以君亲，因名以私身，此隐于忠孝也。此谓测隐矣。

【注释】

①从：通“纵”。

②托：托言，借口。

③亟：音及，屡次。

④称说：陈述，此处指自夸。

【译文】

还有“测隐”的方法来识人。所谓测隐，就是看一个人，如果发现他施小惠而得大利，放弃局部小利而争取整体大益，言语信誓旦旦来装老实，假装慈爱以充忠厚，行高尚之举来钓取名声。这就是用仁爱贤能来掩饰自己真面目的人。如果向他提问而不回答，详细追问就含糊其辞，外表似乎很有学识，实则借着解说道义的幌子来放纵自己，为环境所困时，一旦没招就托言高深。这是借学识论调来掩饰自己真面目的人。如果他大唱高调以示廉洁，装作雷厉风行给人以勇于作为的假象，内心恐惧却在虚张声势，屡屡自我夸耀，狐假虎威，盛气凌人。这是用廉正和英勇来掩饰自己真面目的人。若事奉君主或双亲，喜欢向人炫耀其忠诚、孝顺，好做表面文章，其实并没有忠孝的诚心，借事奉君主和双亲来企求名声，进而以此来捞取私利。这是用忠孝来掩饰自己真面目的人。以上讲的就是“测隐”的方法。

【原文】

夫人言行不类，终始相悖，外内不合，而立假节以惑视听者，曰毁志者也。若饮食以亲，货赂以交，损利以合，得其权誉而隐于物者，曰贪鄙者也。若小知而不大解，小能而不大成，规小物而不知大伦。曰华诞[①]者也。

【注释】

①华诞：虚浮，虚妄。

【译文】

如果一个人言行不一，前后矛盾，表里不相符合，而假立名节以迷惑他人耳目，这是“毁志”。如果以吃吃喝喝来与人亲近，以行贿送礼来结交朋友，以损人利己来相互谋合，醉心于权力和名誉为物欲所蒙蔽，这是贪婪卑鄙之人。如果只有小聪明而没有大学问，只有小能耐而不能成大事，只看重小利益而忘了人伦大理，这是虚浮之人。

【原文】

又有揆德[①]。揆德者，其有言忠行夷，秉志无私，施不求反，情忠而察，貌拙而安者，曰仁心者也。有事变而能治效，穷而能达，措身立功而能遂，曰有知者也。有富贵恭俭而能威严，有礼而不骄，曰有德者也。有隐约而不慑，安乐而不奢，勋劳而不变，喜怒而有度，曰有守者也。有恭敬以事君，恩爱以事亲，情乖而不叛，力竭而无违，曰忠孝者也。此之谓揆德。

【注释】

①揆德：测度德行。揆，音葵，度量、揣度。

【译文】

还有“揆德”的方法去知人。所谓揆德，（包括以下几种途径：）如果一个人言语忠实而行为坦荡，意志坚定而大公无私，助人为乐而不求回报，内心忠厚而明察事理，其貌不扬但性情安详，这是宅心仁厚的人。如果一个人遇有突发性变故而能妥善处理，身处穷困之境而能奋发向上，投身功名而能如愿以偿，这是有智慧的人。如果一个人富贵显赫之后仍然恭敬勤俭而乐善好施，对人彬彬有礼而不骄横，这是有福德的人。有的人处于困厄之中而无所畏惧，处于安乐富裕之中而不奢侈，功劳卓著而不反叛，喜怒之情皆有节度，这是有操守的人。有的人恭恭敬敬地事奉君王，恩敬有爱地孝敬父母，即使君王、双亲性情乖戾也不背叛，竭尽全力而不离弃，这是忠孝的人。这些就是“揆德”的方法。

【原文】

夫圣贤之所美，莫美乎聪明；聪明之所贵，莫贵乎知人。知人识智，则众材得其序，而庶绩[1]之业兴矣。是故仲尼训“六蔽”，以戒偏材之失。思狂狷以通拘抗之材，疾[2]悾悾而无信，以明为似之难保。察其所安，观其所由，以知居止之行。率此道也，人焉廋[3]哉？人焉廋哉？

【注释】

①庶绩：各种事业。

②疾：恨，痛恨。

③廋：音叟，隐藏，藏匿。

【译文】

圣贤所赞赏的，莫过于聪明。聪明之人所看重的，莫过于是知人之能。能够知人识才，各种人才就会得到各自适合的位置，而各种事业就都会繁荣兴旺。因此孔子提出“六蔽”的训示，就是为了防止偏才的失误。指出狂傲与耿介的偏失，以疏导有偏执拘谨或高傲刚直之缺陷的人才；痛斥空泛而无信的流弊，来向人们讲明那些似是而非的东西终究会被揭穿。明察一个人安身立命之所在，考究他所作所为的动机，借以了解其日常行为。依照这样的原则和办法去观察，人又怎么能掩饰得住自己的真面目呢！怎么能呢！

察相

【题解】

俗话说，“相由心生”。作为观人之法，相术可谓源远流长。作者认为，相人之术可以给君主观人以重要参考。但是观人与相术不完全一致。

【原文】

《左传》曰：“周内史①叔服如鲁，公孙敖闻其能相人也，见其二子焉。叔服曰：‘谷也食②子，难也收子。谷也丰下，必有后于鲁国。’”

《汉书》曰：“高祖立濞③为吴王。已拜，上相之曰：‘汝面状若有反相，汉后五十年，东南有乱，岂非汝耶？天下一家，慎无反。’”

由此观之，以相察士，其来尚矣。

【注释】

①内史：官名，西周始置，协助天子管理爵、禄、废、置等政务。

②食：侍奉、供养。

③濞：音必，此指刘濞，汉高祖刘邦兄长刘仲的长子。

【译文】

《左传》上说：周襄王派内史叔服到鲁国参加葬礼。公孙敖听说他善于看相，就把自己的两个儿子谷和难引见给他。叔服看过后说："谷可以赡养你到老，难将来可以安葬你。谷的下额丰满，他的子孙一定会在鲁国兴旺起来。"

《汉书》上说："汉高祖封刘濞为吴王。册封礼毕，高祖相了刘濞的面说："看你的相貌，似乎有谋反的迹象，此后五十年的时间里，东南方向将有大乱，难道会应验在你身上吗？天下都是我们刘姓一家的，你一定注意不要这样做。"

由此看来，观相论人，由来已久。

【原文】

似龙者为文吏，似虎者为将军，似牛者为宰辅，似马者为武吏，似狗者为清官、为方伯①。

【注释】

①方伯：殷周时代一方诸侯之长，后泛称地方长官。

【译文】

动静像龙的将来会做文官的辅佐官，动静像虎的将来会做将军，动静像牛的将来会做丞相，动静像马的将来会做将军的辅佐官，动静像狗的将来会做清官，或一方诸侯。

【原文】

夫人有六贱：头小身大，为一贱。目无光泽，为二贱。举动不便，为三贱。鼻不成就，准①向前低，为四贱。脚长腰短，为五贱。文策②不成，唇细横长，为六贱。

此贵贱存乎骨骼者也。

【注释】

①准：鼻子。

②文策：口形。

【译文】

人有六种低贱之相：头小身大第一种贱相；目无光泽为第二种贱相；举动不灵便为第三种贱相；鼻子发育不完全，鼻头低平为第四种贱相；脚长腰短为第五种贱相；口形不好，唇细横长为第六种贱相。

以上讲的就是贵贱之相体现在骨骼方面的情况。

论士

【题解】

在古代，“士人”是一个国家的中坚力量，他们上联君臣，下系百姓，各种人才藏于其中，对于整个社会的稳定、政令的畅通有着重要意义。因此，了解“士人”、让“士人”效命于国家就是国君的重要问题。而相关历史经验的例证，也给出了一定的启示。

【原文】

臣闻黄石公曰：“昔太平之时，诸侯二师，方伯三师，天子六师。世乱则叛逆生，王泽竭则盟誓相罚。德同无以相加，乃揽英雄之心。”故曰：得人则兴，失士则崩。何以明之？昔齐桓公见小臣稷，一日三往而不得见，从者止之。桓公曰：“士之傲爵禄者，固轻其主；其主傲霸王者，亦轻其士。纵夫子傲爵禄，吾庸敢傲霸王乎？”五往而后得见。

【译文】

我听黄石公说：“从前太平的时候，诸侯有两个师的军队，方伯有三个师的军队，天子有六个师的军队。世道混乱就会发生叛逆，王恩枯竭就结盟、立誓相互征伐。当彼此德望不相上下，力量无法一决高下的时候，就会纷纷招揽天下英雄。”所以说：得到人才，国家就会兴盛；失去人才，国家就会衰亡。怎么知道是这样呢？从前齐桓公去见一个叫稷的小臣，一天去了三次都没有见到，侍从阻止他。桓公说：“有才能的人轻视爵位、俸禄，当然也轻视他们的君王，君王如果轻视霸主之位，自然也会轻视有才能的谋士。纵然这位先生敢轻视爵位和俸禄，我难道敢轻视霸主之位吗？”就这样，齐桓公去了五次才拜访到稷。

【原文】

谚曰：“浴不必江海，要之去垢；马不必骐骥[①]，要之善走；士不必贤也，要之知道；女不必贵种，要之贞好。”何以明之？淳于髡[②]谓齐宣王曰：“古者好马，王亦好马；古者好味，王亦好味；古者好色，王亦好色；古者好士，王独不好！”王曰：“国无士耳。有则寡人亦悦之。”髡曰：“古有骅骝[③]骐骥，今之无有，王选于众，王好马矣；古有豹象之胎，今之无有，王选于众，王好味矣；古有毛嫱、西施[④]，今之无有，王选于众，王好色矣；王必待尧舜禹汤之士，而后好之，则尧舜禹汤之士，亦不好王矣。”

【注释】

①骐骥：千里马的别称。

②淳于髡：战国时齐国大夫、学者，博学而有辩才，齐威王用为客卿。髡，音昆。

③骅骝：音华留，赤红色的骏马，泛指骏马。

④毛嫱、西施：春秋时期越国的绝色美女。

【译文】

俗语说：“沐浴不一定要去江海中，只要能洗掉污垢就行；马不一定非要骐骥这样的千里马，只要善跑就行；用人无须他多么贤德，只要懂得治国用兵的道理就行；娶妻不必出身高贵，只要贞洁漂亮就行。”为什么这么说呢？淳于髡曾对齐宣王说：“古代的君王喜欢马，大王也喜欢马；古代的君王喜欢美味，大王也喜欢美味；古代的君王喜欢美色，大王也喜欢美色；古代的君王喜欢有才能的士人，大王却偏不喜欢。”齐宣王说：“国中没有人才啊，如果有，我自然也会喜欢他们。”淳于髡说：“古时有骅骝，骐骥这样的骏马，现在已经没有了，大王从众多的马中挑选好马，这说明大王是喜欢马的；古时有豹子、大象的胎盘这样的美味，现在已经没有了，大王从众多美味中挑选佳肴，这说明大王是喜欢美味的；古时有毛嫱、西施这样的美女，现在没有了，大王就从众多美女中挑选丽人，这说明大王是喜欢美色的；大王一定要坐等尧舜禹汤时的贤士出现，然后才去爱惜，那么尧舜禹汤时的贤士，也就不会喜欢大王了。”

【原文】

黄石公曰：“有清白之士者，不可以爵禄得；守节之士，不可以威刑胁。致清白之士，修其礼；致守节之士，修其道。”何以明之？郭隗[①]说燕昭王曰：“帝者与师处，王者与友处，霸者与臣处，亡国与厮役处。诎指[②]而事之，北面受学，则百己者至；先趋而后息，先问而后默，则什[③]己者至；人趋己趋，则若己者至；凭几据杖[④]，眄视[⑤]指使，则厮役之人至；恣睢[⑥]奋击，呴藉叱咄[⑦]，则徒隶之人至矣。”此乃古之服道致士者也。

【注释】

①郭隗：战国时燕国人，燕昭王客卿。隗，音维。

②诎指：降低身份，屈己下人。诎，通“屈”。

③什：十倍。

④凭几据杖：形容傲慢不以礼待客。

⑤眄视：斜着眼看。眄，音免。

⑥恣睢：放纵暴戾。睢，音虽。

⑦呴藉叱咄：指对别人不礼貌地大吼大叫。呴，同“吼”。藉，凌辱。叱咄，训斥、呵责。

【译文】

黄石公说：“清正高洁的人，不能用爵位、俸禄打动；坚守节操的人，不能用刑罚逼迫。招引清正高洁的人，要以礼相待；招引坚守节操的人，要有能打动他的道义理想。”怎么证明这个道理呢？郭隗劝燕昭王说：“称帝者重用师长，为王者重用朋友，一方霸主重用臣子，亡国之主重用仆役。若能屈身侍奉，虚心求教，那么百倍于自己的人才都会前来；若主动接近别人，肯定他的长处虚心求教而后专心听取，就会得到十倍于自己的人才；若别人去招揽人才，自己才跟着去，那么只能得到才能与自己相仿的人；若傲慢无礼，颐指气使，只能得到仆从一样的人了；放纵暴戾，怒吼喝叫，那就只能得到奴才了。”这就是古代以适当的方法招揽贤士的道理。

【原文】

黄石公曰：“礼者，士之所归；赏者，士之所死。招其所归，示其所死，则所求者至矣。”何以明之？魏文侯太子击礼田子方[①]，而子方不为礼，太子不悦，谓子方曰：“不识贫贱者骄人乎？富贵者骄人乎？”子方曰：“贫贱者骄人耳，富贵者安敢骄人？人主骄人而亡其国，大夫骄人而亡其家。贫贱者若不得意，纳履而去，安往而不得贫贱乎？”

【注释】

①田子方：名无择，战国时人，师于子贡。与子夏、段干木同受魏文侯礼遇。

【译文】

黄石公说："礼义，是士人所依附的；赏赐，是士人能为之而赴死的。用礼义来招徕贤能之士，用赏赐来指示效死的方向，那么所需求的人才都会到来。"为什么这样说呢？魏文侯的太子向田子方行礼，而田子方却不还礼。太子很不高兴，对田子方说："不知道是贫贱的人可以傲慢无礼呢，还是高贵的人可以傲慢无礼？"田子方说："当然是贫贱的人可以傲慢啦。高贵的人怎敢傲慢无礼？君主傲慢就会失去国家，大夫傲慢就会葬送封地。贫贱的人若有不得意之处，穿上鞋就可以走，到哪儿还不是一样的贫贱？"

【原文】

宋燕相齐，见逐罢归，谓诸大夫曰："有能与我赴诸侯乎？"皆执杖排班，默而不对。燕曰："悲乎！何士大夫易得而难用也？"陈饶曰："非士大夫易得而难用，君不能用也；君不能用，则有不平之心。是失之于已而责诸人也。"燕曰："其说云何？"对曰："三升之稷[①]，不足于士，而君雁鹜[②]有余粟，是君之过一也。果园梨栗，后宫妇女，以相提掷[③]，而士不曾得一尝，是君之过二也。绫纨绮縠[④]，美丽于堂，从风而弊，士曾不得以为缘，是君之过三也。夫财者，君之所轻；死者，士之所重。君不能行君之所轻，而欲使士致其所重，譬犹铅刀畜之，干将用之，不亦难乎？"宋燕曰："是燕之过也。"

【注释】

①稷：音季，即粟，小米，这里泛指粮食。

②雁鹜：鹅和鸭。

③挃：音质，捣，撞。

④绫纨绮縠：绫，细薄、有花纹的丝织品。纨，音玩，白色细绢。绮，音起，平底起花的丝织品。縠，音胡，纱类丝织品。

【译文】

宋燕做齐国的宰相，遭到罢免回家后，对诸位大夫说："有谁愿意跟我去投奔其他诸侯？"大家都执杖站在那里，沉默着不回答。宋燕说："可悲啊！为什么士大夫易得而难用呢？"陈饶答道："并不是士大夫易得而难用，是您不善任用啊！您不善任用，士大夫们就会生出怨愤之心。您这是自己有过错，反而责备别人啊。"宋燕说："你这话是什么意思？"陈饶回答说："三升粮食不足以养士，而您的鹅和鸭吃的食物却有剩余，这是您的第一个过错。您园里的梨、栗等果子多得很，以至于后宫的妇女用果子互相投掷来嬉闹，而士人却连一个都尝不到，这是您的第二个过错。各种绫罗绸缎装饰于您的亭苑厅堂，直到被风吹破了，也不见士人能得到一点边角，这是您的第三个过错。财物是您所轻视的；而对于怎样死，为谁死，士人们是很看重的。您不能拿自身轻视的东西行赏，却想要他们献上自己所看重的生命，这就好比收纳的是一把铅刀，却幻想有朝一日能够当作干将宝剑使用一样，这不是太难了吗？"宋燕说："是我的过错。"

【原文】

语曰："夫人同明者相见，同听者相闻。德合则未见而相亲，声同则处异而相应。"韩子曰："趣舍[1]同则相是，趣舍异则相非。”何以明之？楚襄王问宋玉曰：“先生其有遗行[②]欤？何士人众庶[③]不誉之甚？”宋玉曰：“夫鸟有凤而鱼有鲸。凤凰上击九万里，翱翔乎窈冥[④]之上；夫蕃篱之鷃[⑤]，岂能与料天地之高哉？鲸鱼朝发于昆仑之墟，暮宿于孟津；夫尺泽之鲵[⑥]，岂能与量江海之大哉？故非独鸟有凤而鱼有鲸，士亦有之。夫圣人瑰琦[⑦]意行，超然独处。夫世俗之民又安知臣之所为哉？”

【注释】

①趣舍：取舍。趣，通“取”。

②遗行：有失检之行为。

③众庶：众民，百姓。

④窈冥：遥空，极远处。

⑤鷃：古同“鴳”，音宴，鹑的一种，别称鹌雀等。

⑥鲵：音尼，两栖动物，身体长而扁，生在山溪中。

⑦瑰琦：瑰丽奇异。

【译文】

古语说：“眼力一样的人才能看见同样的东西，听力一样的人才能听见同样的声音。同心同德的人，即使没有见面，也会互相亲近，心声相同的人，即使身处不同的地方也会互相呼应。”韩非子说：“取舍相同就会彼此欣赏，取舍不同就会互相排斥。”怎么能证明这一点呢？楚襄王问宋玉：“先生你莫非有什么失检的行为吗？为什么士人百姓都不称赞你呢？”宋玉回答说：“鸟中有凤凰，鱼中有巨鲸，凤凰一飞，直冲九万里云霄，翱翔于遥远的天空之上。那笼中的鹌雀怎能知道天地的高阔？鲸鱼早晨从昆仑山脚出发，傍晚到孟津歇息。几尺深水沟里的小鲵鱼，怎能去体量江海的博大？所以不单是鸟中有凤，鱼中有鲸，士人中也有与凤和鲸一样的人啊。圣人有非凡的思想和行为，超然独处。凡俗之人，又怎会了解我的所作所为呢？”

【原文】

语曰：“知人未易，人未易知。”何以明之？汗明①说春申君，春申君说②之。汗明欲谈，春申君曰：“仆③已知先生意矣。”汗明曰：“未审君之圣孰与尧。”春申君曰：“臣何足以当尧。”汗明曰：“然则君料臣孰与舜。”春申君曰：“先生即舜也。”汗明曰：“不然。臣请为君审言之。君之贤不如尧，臣之能不及舜。夫以贤舜事圣尧，三年而后乃相知矣。今君一时而知臣，是君圣于尧而臣贤于舜也。”

【注释】

①汗明：战国时春申君舍人。

②说：通“悦”。

③仆：古时男子对自己的谦称。

【译文】

《论语》中说：“了解人不容易，人也不容易被了解。”怎么证明这个道理呢？汗明游说春申君，春申君听得很高兴。汗明想进一步加以阐述，春申君说：“我已经知道先生的意思了。”汗明说：“不知道您和尧相比，谁更圣明？”春申君说：“我怎么比得上尧？”汗明说：“那么您看我和舜相比怎么样呢？”春申君说：“先生你就是舜。”汗明说：“不是这样的。请让我为您详细说明。您的贤明不如尧，我的才能比不上舜。像舜这样贤能的人侍奉圣明的尧，三年以后才能相互了解。现在您顷刻之间就了解了我，这就说明您比尧圣明，而我比舜贤能。（这可能吗？）”

【原文】

《记》曰："夫骥唯伯乐独知之，若时无伯乐之知，即不容其为良马也。士亦然矣。"何以明之？孔子厄于陈、蔡[1]，颜回曰："夫子之德至大，天下莫能容。然夫子推而行之，世不我用，有国者之丑也。夫子何病焉？"

【注释】

①陈、蔡：地名，在今河南淮阳、上蔡。

【译文】

《礼记》上说："好马只有伯乐能够发现它，如果当时没有伯乐的相马能力，它就不会被世人当作好马。发现一个有才能的人也一样。"怎么证明这个道理呢？孔子在陈、蔡受困，颜回说："先生的德行无比高尚，天下虽大，却无相容之地。然而先生努力推广您的理想进而实践它，世上仍不予采纳，这是当权者的耻辱。先生您有什么过错呢？"

【原文】

《穀梁传》曰："子既生，不免乎水火，母之罪也；羁冠[1]成童[2]，不就师傅，父之罪也；就师学问无方，心志不通，身之罪也；心志既通，而名誉不闻，友之罪也；名誉既闻，有司[3]不举，有司之罪也；有司举之，王者不用，王者之过也。"

【注释】

①羁冠：古时成童发式，女曰羁，男曰冠。后泛指童年。

②成童：年龄稍大的儿童。或谓八岁以上，或谓十五岁以上，说法不一。

③有司：泛指官吏。

【译文】

《穀梁传》说："孩子出世后，不能避免水火之害，是母亲的过错；年龄稍大一点还不拜师学习，是父亲的过错；拜师学习后，求教不得法，心志不通，是自己的过错；心志已经开通，而名声不为人所知，是朋友的过错；名声广播四方，官吏却不予举荐，是官吏的过错；官吏举荐了，君王却不任用，是君王的过错。”

政体

【题解】

一种政治体制的设立，是必要的。譬如，设立君主的目的是为了天下的公平正义而不是满足其私欲。那么，治国规则的设定也就自然是必要的了。而这其中的关键，在于确定规则后所有人都应遵循，如此才有方圆。

【原文】

古之立帝王者，非以奉养其欲也。为天下之人，强掩弱，诈欺愚，故立天子以齐一之。谓一人之明，不能遍照海内，故立三公九卿以辅翼之。为绝国殊俗，不得被泽，故立诸侯以教诲之。

【译文】

古代设立帝王的原因，不是为了满足他们的贪欲，而是因为天下百姓中，总有以强凌弱、以狡诈欺侮老实的，因此才拥立天子来统一管理他们。然而由于天子一人无论多么英明，也不能管到天下各地，所以才设立三公九卿等各级官吏来辅佐他。因为风俗不同的偏远之地难以得到天子的恩泽，所以分封诸侯来教化他们。

【原文】

夫教诲之政，有自来矣。何以言之？

管子曰："措[1]国于不倾之地，有德也；积于不涸之仓，务五谷也；藏于不竭之府[2]，养桑麻、育六畜也；下令于流水之原，以顺人心也；使士于不诤之官，使人各为其所长也；明必死之路，严刑罚也；开必得之门，信庆赏也；不为不可成，量人力也；不求不可得，不强人以其所恶也；不处不可久，不偷取一世宜也。知时者，可立以为长；审于时，察于用，而能备官者，可奉以为君。"

【注释】

①措：设置，设立。

②府：府库，指国家贮藏财物、兵甲的处所。

【译文】

这种用教化来统治的政策是由来已久的。为什么这样说呢？

管仲说："使国家立于不被倾覆的稳固状态，是因为实行了德政。想使粮仓内的粮食积蓄取之不尽，就必须重视发展农业生产。想使府库里财富储藏永不枯竭，就必须大力种植桑麻，饲养六畜。下达的政令想要如同从源头奔流而下的江水畅行无阻，就要顺应民心。任用官吏，必须选择那些不争权夺利的人，并且要各尽其所长。要让百姓明确必死的道路，就要严明刑罚。要想向百姓敞开有功必赏的大门，就必须信守奖赏的承诺。不勉强做不可能成功的事，凡事都要量民力而行。不强求得不到的东西，不强迫人做他们所厌恶的事。不固守在不能久留的地方，就要不为一时侥幸而苟且敷衍。懂得把握时机的人，可以任命他为一地的行政长官。能审时度势，明察资财用度，并能恰当地选官任职的人，就可以奉立他做君王。"

【原文】

故曰：明版籍[①]，审什伍[②]，限夫田[③]，定刑名[④]，立君长，急农桑，去末作[⑤]，教学斆[⑥]，核才艺，简精悍，修武备，严禁令，信赏罚，纠游戏，察苛克，此十五者，虽圣人复起，必此言也。夫欲论长短之变，故立政道以为经焉。

【注释】

①版籍：户口册。

②什伍：古代乡里编制，五家为伍，十户为什，相联相保。

③夫田：古代有计口授田制度，一夫所授之田，谓之夫田。

④刑名：古代指刑律。

⑤末作：古代指工商业。

⑥斆：音效，教导、教化。

【译文】

所以古人说："严明户籍管理，周密村社组织，限定人均田亩，确定刑罚规则，设立各级长官，加紧农业发展，抑制工商流通，敦实教育事业，考核士人才艺，简选精兵悍将，加强武器装备，严明法制禁令，核实赏罚信誉，禁止无益游戏，检举苛刻官吏。这十五条，即使是圣人再世，也一定要这么说。"想探讨各个朝代的统治时间为什么有长有短，就应当把以上阐述的为政之道作为基本准则。

卷二　文中

君德

【题解】

本篇就古代帝王的治国之道展开讨论。作者认为，帝王治理国家，除了须加强自身修养外，还要根据形势需要，合理运用“德”“刑”两端，聚集、选任贤能之臣。篇中选择自汉朝至隋朝以前有较大历史影响的帝王，通过比较的方式品评其优劣得失，希图后代帝王能从中得到经验和教训。

【原文】

夫三皇①无言，化流四海，故天下无所归功。帝者体天则地，有言有令，而天下太平。君臣让功，四海化行，百姓不知其所以然。故使臣不用礼赏功，美而无害。王者制人以道，降心服志。设矩备衰，有察察②之政、兵甲之备，而无争战血刃之用，天下太平，君无疑于臣，臣无疑于主，国定主安，臣以义退，亦能美而无害。霸主制士以权，结士以信，使士以赏。信衰士疏，赏毁士不为用。故曰：理国之本，刑与德也。二者相须而行③，相待而成④也。天以阴阳成岁，人以刑德成治，故虽圣人为政，不能偏用也。故任德多，用刑少者，五帝⑤也；刑德相半者，三王⑥也；仗刑多，任德少者，五霸⑦也；纯用刑，强而亡者，秦也。

【注释】

①三皇：上古传说中的三位帝王，说法不一，其中一说为伏

羲、女娲、神农。

②察察：清楚，洁净的样子。

③相须而行：互相依存而行动一致。

④相待而成：互相辅助以取得成功。

⑤五帝：传说中的五位帝王，说法不一，其中一说为黄帝、颛顼、帝喾、尧、舜。

⑥三王：上古传说中的三位帝王，说法不一，其中一说为夏禹、商汤、周文王。

⑦五霸：春秋时先后称霸的五个诸侯。说法有二：一为齐桓公、晋文公、秦穆公、宋襄公、楚庄王；一为齐桓公、晋文公、楚庄王、吴王阖闾、越王勾践。

【译文】

上古时期的“三皇”虽然没有传下惊世骇俗的言论，但他们潜移默化的仁德遍布四海，所以天下老百姓不知道该把这样的功德记在谁的名下。做帝王的人，如果能够依循天地运行的自然规律，有理论，有法规，天下就会太平无事。君臣间相互礼让已有的功绩，美好的德化无形中传遍四海，百姓深受其恩德却不知恩德从何而来。所以任用群臣不必实行繁杂的礼仪赏罚制度，就能达到和美而不互相伤害的目的。做君王的要以德治人，征服天下百姓的心志。设立各种法度，防备衰败之事，造就清明政治；储存各种坚甲利兵的装备，却避免流血战争、涂炭生灵的用心；从而使天下太平。这样，君臣之间互不猜疑，国家稳定，君主安乐，大臣可以循礼义而退隐，也就能达到和美而不互相伤害的目的。而一方霸主控制士人靠权势，招揽结交士人靠信用，任用士人靠奖赏。信用衰败，士人就会疏远他；奖赏制度破坏，士人就会离开他。所以说：治理国家的根本，在于刑罚与仁德。二者必须互相依存，相辅相成，才能成功。天以阴阳二气的交互变化构成一年四季，人以刑德二法的合理使用形成治国之道。所以即便是圣人治国理政，也不可偏用其一。所以（这样看来），运用仁德较多而刑罚较少的是“五帝”；刑德并重的是“三王”；刑罚较多而仁德较少的是“五霸”；只用刑罚治国，一时强盛但最终亡国的就是秦朝了。

【原文】

或曰：“王霸之道，既闻命[①]矣。敢问高、光二帝，皆拔起垄亩[②]，芟夷[③]祸难，遂开王业。高祖豁达以大度，光武谨细于条目。名擅其美，龙飞凤翔[④]，故能拨乱庇人，拯斯涂炭。然比大德，方[⑤]天威，孰为优劣乎？”

曹植曰：“昔汉之初兴，高祖因暴秦而起，遂诛强楚，光有天下，功齐汤武，业流后嗣，帝王之元勋，人君之盛事也。然而名不纯德，行不纯道。身没之后，崩亡之际，果令凶妇肆酷虐之心，嬖妾[⑥]被人彘[⑦]之刑，赵王[⑧]幽囚，祸殃骨肉。诸吕专权，社稷几移。凡此诸事，岂非高祖寡计浅虑以致斯哉？然其枭将画臣[⑨]，皆古今之所鲜，有历代之希睹[⑩]。彼能任其才而用之，听其言而察之，故兼天下而有帝位也。世祖[⑪]体乾灵[⑫]之休德[⑬]，禀贞和之纯精，蹈黄中[⑭]之妙理，韬亚圣之懿才。其为德也，聪达而多识，仁智而明恕，重慎而周密，乐施而爱人。值阳九[⑮]无妄[⑯]之世，遭炎精[⑰]厄会[⑱]之运，殷[⑲]尔雷发，赫然神举，奋武略以攘暴，兴义兵以扫残，军未出于南京，莽已毙于西都[⑳]。尔乃庙胜[㉑]而后动众，计定而后行师，故攻无不陷之垒，战无奔北之卒。宣仁以和众，迈[㉒]德以来远，故窦融[㉓]闻声而影附，马援[㉔]一见而叹息。敦睦九族，有唐虞[㉕]

之称；高尚纯朴，有羲皇[26]之素；谦虚纳下，有吐握之劳[27]；留心庶事，有日昃[28]之勤。是以计功则业殊，比隆则事异，旌德则靡僭，言行则无秽，量事则势微，论辅则臣弱，卒[29]能握干图[30]之休征[31]，立不刊[32]之遐迹[33]，金石铭其休烈[34]，诗书载其懿勋。”故曰：光武其优也。

【注释】

①闻命：接受命令或教导。此处指上段文字所讲之内容。

②垄亩：田地，乡野。

③芟夷：本义除草，这里指铲除，削平。芟，音山。

④龙飞凤翔：指帝王的兴起。

⑤方：与前文“比”同义，辨别，比量。

⑥嬖妾：爱妾，指刘邦生前宠爱的戚夫人。嬖，音必。

⑦人彘：一种酷刑。吕后因妒忌戚夫人受宠而对其进行虐杀，剁掉四肢，割去鼻子，挖出双眼，用铜注入耳朵，使其失聪，用哑药灌进喉咙割去舌头，使之不能言语，然后扔到厕所里，称为“人彘”。彘，音质，本义即猪。

⑧赵王：即刘如意，为刘邦晚年宠妃戚夫人所生。

⑨枭将画臣：勇猛的将领，善于谋划的大臣。

⑩希睹：罕见。

⑪世祖：即光武帝刘秀，高祖九世孙。

⑫乾灵：上天。

⑬休德：美德。休，美。

⑭黄中：心脏，内德。古代以五色配五行五方，土居中，故黄为中央正色。心居五脏之中，故称黄中。

⑮阳九：古代术数家以四千六百七十一岁为一元，初入元一百零六岁，外有灾岁九，谓之“阳九”。因以指灾难之年或厄运。

⑯无妄：指灾祸变乱。

⑰炎精：火德，火的本性。此指应火运而兴的汉朝。

⑱厄会：众灾会合，犹厄运。

⑲殷：盛大。

⑳西都：指长安。东汉都洛阳，因称刘邦所立西汉之旧都长安为西都。

㉑庙胜：指朝廷预先制定的克敌制胜的谋略。

㉒迈：超然不俗。

㉓窦融：东汉初年大臣。王莽末年一度割据河西，后归附光武帝，协助攻灭隗嚣，封安丰侯，任大司空。

㉔马援：东汉初年将军。王莽末年曾依附隗嚣，后归附光武帝，参与攻灭隗嚣的战争。后任陇西太守，封新息侯。屡有战功。

㉕唐虞：唐尧与虞舜的并称。亦指尧与舜的时代，古人心目中的太平盛世。

㉖羲皇：即伏羲。

㉗吐握之劳：周公旦为周王朝事业竭忠尽智，相传一旦有事情需处理，即使正在吃饭或沐浴都随时停下。吐握，即一餐三吐哺、一沐三握发。

㉘日昃：太阳偏西，约下午二时。昃，音仄。

㉙卒：最终，终于。

㉚干图：乾象，此指天降祥瑞，多是帝王受命之兆。

㉛休征：吉祥的征兆。

㉜不刊：不可改易。

㉝遐迹：前贤的踪迹，前人的业绩。

㉞休烈：盛美的事业。

【译文】

有人问："古代称王称霸的道理和方法，我已经听您讲明白了。敢问汉高祖刘邦和光武帝刘秀都是崛起于民间，平定了天下战乱，于是开创了帝王大业。汉高祖豁达大度，光武帝谨慎细心，各有所长，龙飞凤翔，所以能拨乱反正，保护人才，拯救人民于水深火热之中。然而比较这二者济世之大德、帝王之天威，哪一位更强一些呢？"

曹植说："从前，汉室初兴之时，汉高祖因残暴的秦王朝而起事，又诛灭了强大的楚霸王项羽，光复天下，其功勋可与商汤、周武王相提并论，其基业留传给刘氏子孙后代，他可称是帝王中的首功之人，所成就的也是国君之盛事啊。然而他的名声并不那么合乎仁德，品行也不那么纯正，在身亡驾崩之后，果然让凶狠的吕后大发残酷暴虐之心：爱妃戚夫人被弄成"人彘"；其子赵王如意幽禁后被毒杀，祸害殃及骨肉。吕氏家族独揽朝纲，刘氏政权几乎被篡夺。凡此种种，难道不是汉高祖缺乏深谋远虑所导致的结果吗？然而他手下的猛将谋臣都是古今少有、历代罕见的。只因为他能对他们量才任用，善于听取他们的合理建议，所以才会统一天下，登上帝王的宝座。

汉光武帝刘秀能体会上天的仁善德性，禀承忠贞和平的纯粹精神，遵循内在修为的精妙道理，兼具仅次于圣人的美德与才华。他的德行，聪睿豁达而博学多识，仁义智慧而开明宽容，慎重周密，乐施爱人。当时正值多灾多难的年景，又遭逢汉王朝气数将尽之际，他的起事有如雷霆，声势雄壮地举兵而行，组织武装力量来抗击强暴势力，发动起义部队来扫荡残军败将。他的大军还没有从南京出发，王莽已经被攻陷长安的乱兵杀死。光武帝的方法是，安邦定国的大计胜券稳操以后才发动群众，计划谋略确定以后才出师行动。所以每次进军没有攻克不了的堡垒，每次战争都没有临阵脱逃的士兵。他用宽厚仁慈之心来团结群众，以超凡的德行使远方的人才前来归附。因此，窦融听闻他的名声就如影随形地追随他，马援第一次见面就赞叹他的英明。他使九族人亲善和睦，有唐尧和虞舜一样的称誉；品质高尚纯朴，有羲皇一样的本性；谦虚地吸纳臣下的意见，有如周公旦一样不辞辛劳；留心国家大小事务，有昃食宵衣的勤勉。所以计算功劳大小，他的业绩非同寻常；比量声誉高低，他的事迹不同凡响；宣扬道德人品，他毫无非议之处；谈论言语行为，他亦无不光彩的地方。衡量他的势力，说来要比高祖微薄；论文武辅臣，也比高祖的弱小，但他最终能实现帝王一统天下的征兆，创建不可磨灭、流传万古的功业，让金石碑铭刻记他的光辉业绩，诗书文献载录他的伟大功勋。所以说，汉光武帝比汉高祖更伟大。”

【原文】

或曰：“班固称周云成康，汉言文景，斯言当乎？”

虞南①曰：“成康承文武遗迹，以周、召为相，化笃厚之氓，因积仁之德，疾风偃草②，未足为喻。至汉祖开基，日不暇给，亡嬴之弊，犹有存者。太宗③体兹仁恕，式遵玄默，涤秦、项之酷烈，反轩④、昊⑤之淳风，几致刑厝⑥，斯为难矣。若使不溺新垣⑦之说，无取邓通⑧之梦，懔懔乎庶几近于王道。景帝之拟周康，则尚有惭德。”

【注释】

①虞南：即虞世南，南北朝至隋唐时著名书法家、文学家、诗人、政治家。历仕南朝陈、隋，皆名重一时。他生性沉静寡欲，意志坚定，努力向学，但性情刚烈，直言敢谏，晚年入秦王李

世民府，始得重用。唐太宗称他德行、忠直、博学、文词、书翰为五绝。

②偃草：风吹草倒，比喻道德教化见成效或政令迅速下行。

③太宗：此指汉太宗刘恒，即汉文帝。

④轩：轩辕黄帝，古华夏部落联盟首领，为五帝之首。

⑤昊：太昊伏羲氏，又称皇羲、伏牺等。

⑥刑厝：亦作“刑措”或“刑错”，置刑法而不用。

⑦新垣：新垣平，汉文帝时期著名方士，曾献“人主延寿”杯，蒙骗皇帝，官至上大夫，后被识破，诛死。

⑧邓通：本为船工。汉文帝梦中登天，却怎么也上不去；危急之际，见到一个美貌少年推他一把而顺利登天。梦醒查访而得邓通，很是宠幸，赐官至上大夫，并准许自行铸钱。文帝去世后，景帝籍没其家产，邓通饿死。

【译文】

有人问：“班固说周代帝王中值得称颂的应首推周成王、周康王；汉朝皇帝中值得称颂的当首推汉文帝、汉景帝，这样的看法妥当吗？”

虞世南说：“周成王、周康王继承周文王、周武王的传统，有周公、召公为贤相，教化忠实憨厚的百姓，因先王所积累的仁德风气，而使政令的畅行如疾风吹荡草丛一样自然，这并不值得说道。至于汉高祖开创汉家基业，百事待举，日理万机，已亡秦朝政治中的流弊仍然存在。汉文帝体怀仁慈宽恕之心，遵奉道家清静无为之风，净除了秦始皇、项羽时期的酷刑暴政，恢复了黄帝、太昊时期的淳朴风气，以至于置刑法而不用。做到这一点，已经非常不容易了！假如他不沉溺于新垣平的虚妄之言，不理睬邓通推自己登天的梦幻之境的话，那他的政治就非常接近王道了。至于用汉景帝来比拟周康王，在德行上还有所欠缺。”

【原文】

昔周成以孺子继统，而有管、蔡①四国之变；汉昭幼年即位，亦有燕、盖、上官②逆乱之谋。成王不疑周公；汉昭委任霍光。二主孰为先后？

魏文帝曰：“周成王体圣考③之休气，禀贤妣④之胎诲，周、召为保傅，吕望为太师，口能言则行人⑤称辞，足能履则相者⑥导仪。目厌威容之美，耳饱德义之声，所谓沉渍⑦玄流，而沐浴清风矣。犹有咎悔，聆二叔之谤，使周公东迁，皇天赫怒，显明厥咎，然后乃悟⑧。不亮周公之圣德，而信金縢⑨之教言，岂不暗哉？夫汉昭父非武王，母非邑姜，养惟盖主⑩，相则桀、光，保⑪无仁孝之质，佐无隆平⑫之治，所谓生于深宫之中，长于妇人之手。然而德与性成，行与礼并，在年二七，早知夙达，发燕书之诈，亮霍光之诚。岂将启金縢，信国史，而后乃悟哉？使成昭钧⑬年而立，易世而化，贸臣而治，换乐而歌，则汉不独少，周不独多也。”

【注释】

①管、蔡：幼主周成王的两个叔叔，管叔和蔡叔。二人联合发动叛乱，周公亲自征讨，予以平定。

②燕、盖、上官：即燕王旦、盖长公主、上官桀。三人在汉昭帝未成年即位时，曾图谋政变，被霍光镇压。

③圣考：往昔的圣人，多言已故的帝王。

④贤妣：对人亡母的敬称。妣，音笔。

⑤行人：官名，掌接待诸侯及诸侯之上卿之礼。

⑥相者：旧指以相术供职或为业的人。

⑦沉渍：浸泡在水里，后引申为积久而发生作用。

⑧悟：明白，醒悟。

⑨金縢：谓用金属制的带子将收藏书契的柜封存。周武王病危，周公旦作书告神，请求代替武王而死，祈祷后藏书于金縢之柜。縢，音腾。

⑩盖主：同前文“盖”，指鄂邑盖长公主。

⑪保：保育，照管。

⑫隆平：昌盛太平。

⑬钧：通“均”。

【译文】

从前周成王年少继位，有管、蔡等四国叛乱；汉昭帝八岁即位，有燕王旦、盖长公主和上官桀的谋反。成王不怀疑周公的忠诚，昭帝委任大将军霍光摄政，二人谁做得更好呢？

魏文帝曹丕认为：“周成王秉承了武王的美善气质，继承了贤母的优良胎教，周公、召公做太保、太傅，吕望做太师。刚会说话时，就有负责外交的官员教他辞令；刚会走路时，就有负责宫廷礼仪的官员教他行走仪态。所以他从小到大，眼睛看足了威严仪容之美，耳朵充斥了仁德礼义之声，可以说他是沉浸于恩泽的玄流中，沐浴在德行的清风里。即便如此，他仍有惭悔之处，误听管、蔡二叔对周公的诽谤，迫使周公率兵东征，致使上天震怒以明示其过错，然后他才幡然醒悟。周成王不能明察周公的高尚品德，却相信密藏在金縢之柜里周公的祷告，这不是很糊涂吗？而汉昭帝，既没有像周武王那样贤德的父亲，也没有像邑姜那样贤惠的母亲，抚养他的是大姐盖长公主，辅相是上官桀和霍光。保育他的人没有仁孝的品质，辅佐他的人没有昌世治国的才能。可以说是出生在深宫之中，成长于妇人之手。然而他的美德天性生成，品行与生俱来。他在十四岁时，就表现出早成的智慧和素有的明达，发现燕王刘旦诬陷霍光的书信有诈，公开表扬了霍光的忠诚。这哪里像成王那样等到开启金縢之柜，见了史官的记录后才醒悟的？假如让成王和昭帝在相同年龄即位，互换生活的时代、手下的辅臣及礼乐制度，来教化、治理、协调国家，那么汉昭帝可称赞的地方不见得比周成王少，周成王可称赞的地方也不见得会比汉昭帝多呢。

【原文】

或曰："汉元帝才艺温雅，其守文①之良主乎？"

虞南曰："夫人君之才，在乎文德武功而已。文则经天纬地②，词令典策；武则禁暴戢③兵，安人和众。此南面④之宏图也。至于鼓瑟吹箫，和声度曲，斯乃伶官⑤之职，岂天子之所务乎？"

【注释】

①守文：本谓遵循文王法度。后泛指遵循先王法度。

②经天纬地：织物的竖线叫"经"，横线叫"纬"，比喻规划天地。形容有治理天下的经世之才。

③戢：音及，本义收藏，引申为收敛、止息。

④南面：古代以坐北朝南为尊位，故天子、诸侯见群臣，或卿大夫见僚属，皆面南而坐。此处指代帝位。

⑤伶官：封建时代称演戏的人为伶，在宫廷中授有官职的伶人，叫伶官，也即乐官。

【译文】

有人问："汉元帝多才多艺，温文尔雅，是遵循先王法度的好皇帝吗？"

虞世南说："帝王的才华，应该表现在文德武功上。论文则应规划天地、制定出台各种政策法令；论武则应制止暴乱，平息战火，使百姓安定、社会团结。这才是做帝王的宏图大略。至于鼓瑟吹萧，和诗谱曲，这是戏子乐官们的事情，哪里是皇帝所应做的事？"

【原文】

夏少康[①]、汉光武皆中兴之君，孰者为最？

虞南曰："此二帝皆兴复先绪[②]，光启王业，其名则同，其实则异。何者？光武之世，藉思乱之民，诛残贼之莽，取乱侮亡，为功差[③]易。至如少康，则夏氏之灭已二代[④]矣。藐然[⑤]遗体[⑥]，身在胎孕，母氏逃亡，生于他国，不及过庭之训[⑦]，曾无强近之亲，遭离乱之难，庇身非所。而能崎岖于丧乱之间，遂成配天之业。中兴之君，斯为称首。"

【注释】

①少康：夏朝的第六代王。

②先绪：祖先的功业。

③差：略微，比较。

④二代：指羿及寒浞（音卓）。

⑤藐然：孤立藐小貌。

⑥遗体：身体。

⑦过庭之训：用以指父亲的教诲。

【译文】

夏代的少康、东汉的光武帝，都是中兴之君，谁更值得称道呢？

虞世南说："这两位帝王都是复兴祖先功业，使先王功绩发扬光大的人，二人中兴之名虽相同，实际成就的业绩却不一样。为什么这样说呢？光武帝的崛起，借助处乱思治的民心，诛灭凶残暴虐的王莽，趁混乱打败亡命之徒，成功比较容易。至于少康，夏氏灭亡已有二代，他只是一个藐小的遗腹子，母亲怀着他逃亡在外，生于异乡。没有受过父辈的教诲，没有强有力的亲人的保护，生平遭遇背井离乡的战乱，流离失所，但是他能在艰辛坎坷的丧乱之际奋斗，一步一步地，逐渐成就帝王大业，古往今来的中兴之君，少康应为第一。”

【原文】

自炎精不竞，寓县分崩，曹孟德挟天子而令诸侯，刘玄德凭蜀汉之阻，孙仲谋负江淮之固，三分天下，鼎足而立，皆肇开①王业，光启霸图，三方之君，孰有优劣？

虞南曰：“曹公兵机智算，殆难与敌，故能肇迹开基，居中作相，实有英雄之才矣。然谲诡不常，雄猜多忌。至于杀伏后②，鸩③荀彧④，诛孔融⑤，戮崔琰⑥，娄生⑦毙于一言，桓劭⑧劳于下拜，弃德任刑，其虐已甚，坐论西伯⑨，实非其人。许劭⑩所谓‘治世之能臣，乱世之奸雄’，斯言为当。

“刘公待刘璋以宾礼，委诸葛而不疑，人君之德，于斯为美。彼孔明者，命世之奇才，伊、吕之俦匹，臣主同心，鱼水为譬。但以国小兵弱，斗绝一隅⑪，支对二方，抗衡上国。若使与曹公易地而处，骋其长算，肆关、张之武，尽诸葛之文，则霸王之业成矣。

“孙主因厥兄之资，用前朝之佐，介以天险，仅得自存，比于二人，理弗能逮。”

【注释】

①肇开：肇始，开始。同后文“肇迹”。

②伏后：伏寿，汉献帝皇后。

③鸩：音阵，传说中的一种毒鸟。此处作动词，毒害。

④荀彧：东汉末年著名政治家、战略家，曹操统一北方的首席谋臣和功臣，被称为“王佐之才”。官至侍中，守尚书令，封万岁亭侯，后因反对曹操称魏公而受曹操所忌，调离中枢，在寿春忧郁成病而亡（一说受到曹操暗示而服毒自尽）。彧，音域。

⑤孔融：东汉末年名士，“建安七子”之一。能诗善文，性好宾客，喜抨议时政，言辞激烈，后因触怒曹操而为其所杀。

⑥崔琰：东汉末年名士，曹操帐下谋士。建安二十一年（216），因其给杨训的书信中写道“时乎时乎，会当有变时”而被认为此句有不逊之意，因而人狱，不久即被曹操赐死。

⑦娄生：即娄圭，魏国著名谋士、将军。娄圭年青时与曹操有交情，后归附之，并因长于计谋而颇受曹操重视。因言语不当，被曹操认为有意诽谤，遭杀害。

⑧桓劭：汉末沛国名士。因轻视曹操而被杀族。劭，音绍。

⑨西伯：特指周文王。

⑩许劭：东汉末年著名人物评论家。

⑪斗绝一隅：孤悬、僻处边远之地。斗绝，陡峭峻险、孤悬之意。斗，通“陡”。

【译文】

自从汉王朝衰微，天下分崩，曹操（字孟德）挟天子以令诸侯，刘备（字玄德）凭蜀地山川险要，孙权（字仲谋）靠江淮坚固，三分天下，成鼎立之势，这三个人都开创了帝王基业，建立了霸主宏图。三人想比，彼此优劣如何？

虞世南说：“曹操的军事谋略，几乎无人能比，所以他能打下帝王的基业，身居朝廷相位，的确有雄才大略！然而他谲秘诡诈，心性反常，疑心重，猜忌多，以至于杀害了伏皇后家族百余人，毒死荀彧，诛杀孔融，屠戮崔琰，娄圭只因为说错一句话就被他砍头，桓劭长跪不起也未能保命。他抛弃仁德，专用刑戮，暴虐至极。然而他闲谈时好自比周文王，实际上远不是那样。许劭给他的评价是'治世之能臣，乱世之奸雄'，这话说得非常恰当。

"刘备对刘璋能以礼相待，委任诸葛亮为军师从不怀疑，作为君王的品德，这是最为高尚的。诸葛亮是举世闻名的奇才，可与伊尹、吕望这类贤士相媲美。君臣同心，如鱼得水，只因国小兵弱，孤悬边远的蜀地，同时分心对付魏、吴，与大国抗衡。假如让刘备与曹操易地而处，充分发挥其长于谋算的优势，施展关羽、张飞的武略，竭尽诸葛亮的文才，那么他的霸王之业必然成功。

"孙权继承其兄孙策奠定的基业，任用前朝文武百官，凭借长江天险的屏障，仅能自保而已，比起前二人来，就有所不及了。"

【原文】

晋宣帝雄谋妙算，诸葛亮冠世奇才，谁为优劣？

虞南曰："宣帝起自书生，参佐帝业，济世危难，克清王道，文武之略，实有可称。而多杖阴谋，弗由仁义，猜忌诡伏，盈诸襟抱①。至如②示谬言于李胜③，委鞫狱④于何晏⑤，愧心负理，君子不为。以此伪情，行之万物，若使力均势敌，俱会中原，以仲达之奸谋，当孔明之节制，恐非俦也。"

【注释】

①襟抱：胸怀。

②至如：连词，表示另提一事。至于。

③李胜：三国时曹魏臣。奉曹爽之命借口赴任荆州刺史，前

去向司马懿辞别，以便了解其有无异动。司马懿将计就计，佯装病重的样子，李胜信以为真，回报“勿以太尉为忧”。不久后，司马懿发动政变，杀死曹爽等人。

④鞫狱：汉代诉讼制度用语，即进行审判和判决。鞫，音拘，审问。

⑤何晏：三国时曹魏玄学家。娶魏公主，官至尚书，因附曹爽，被司马懿所杀。

【译文】

晋宣帝司马懿老谋深算，诸葛亮盖世奇才，哪一个更高明？

虞世南说：“司马懿本是一介书生，参与辅佐魏国的政治，救助危难，清理朝纲，文才武略，实有值得称道的一面；然而他行事好玩弄阴谋，不讲仁义，猜疑妒忌，诡计多端，诸此种种盈满胸怀。至于他故意说谎装病欺骗李胜进而蒙蔽曹爽，把何宴等人下狱后任由狱吏审讯拷打，这类伤天害理、昧对良心的事，都是正人君子做不出来的。用这种诈伪之术来对待一切，倘若在魏、蜀势均力敌的情况下，会战中原，以他的奸谋来对孔明的统帅有方，恐怕就不是对手了。”

【原文】

东晋自元帝以下，何主为贤？

虞南曰：“晋自迁都江左①，强臣擅命②，垂拱南面，政非己出。王敦以盘石之宗③，居上流之要，负才矜地，志怀问鼎，非肃祖④之明断，王导之忠诚，则晋祚其移于王氏矣。若使降年⑤永久，仗任群贤，因瀍、涧之遗黎⑥，乘刘、石⑦之衰运，则克复中原，不难图也。”

【注释】

①江左：即江东。古时在地理上以东为左。

②擅命：擅自发号施令，不受节制。喻专权。

③盘石之宗：宗室封藩巩固如磐石。

④肃祖：晋明帝司马绍。

⑤降年：上天赐予人的年龄，寿命。

⑥瀍、涧之遗黎：瀍水出谷城县北山，涧水出新安县南白石山，皆汇入洛水。遗黎，指西晋遗民。此处泛指洛阳地区的百姓。瀍，音缠。

⑦刘、石：刘聪和石勒，北朝十六国时国君。前者为汉赵即前赵君主，后者为后赵建立者。

【译文】

东晋自元帝司马睿之下，哪个皇帝比较贤明？

虞世南说："晋朝自迁都建康（今南京）以后，有势力的大臣专权，皇帝形同虚设，政令不能由自己决定。大将军王敦凭借牢固的宗室基础，坐拥长江中上游军事力量，依仗其才能和地理优势，一心想当皇帝，要不是晋明帝司马绍果断征讨，丞相王导竭忠尽诚，晋朝的皇位早该被王氏篡夺了。倘若晋明帝年寿能长一些，依仗任用的大批贤臣，靠洛阳一带百姓的拥戴，乘北朝刘聪和石勒正处在衰弱之际，收复中原应该并不困难。"

【原文】

齐建元[①]、永明[②]之间，号为治世，诚有之乎？

虞南曰："齐高创业之主，知稼穑[③]之艰难。且立身俭素，务存简约。武帝则留意后庭，雕饰过度，然能委任王俭，宪章攸出，礼乐之盛，咸称永明。宰相得人，于斯为美。"

【注释】

①建元：齐高帝萧道成年号（479—482）。

②永明：齐武帝萧赜（音责）年号（483—493）。

③稼穑：农事的总称。春耕为稼，秋收为穑，即播种与收获，泛指农业劳动。

【译文】

南朝齐高帝建元至齐武帝永明年间，被称为太平治世，真的是这么回事吗？

虞世南说："齐高帝是开国创业的王主，知道农事的艰辛，而且自己生活俭朴清淡，衣食起居务求简单朴素。齐武帝则沉溺后宫，生活奢靡，雕饰过度；然而他把一切政务都委托给少傅王俭，朝廷的典章法令都由王俭草撰，后人都说礼乐教化的兴盛，就数永明年间，其辅相任用得力，这一点是很值得称赞的。"

【原文】

梁元帝聪明才学，克平祸乱，而卒致倾覆，何也？

虞南曰："梁元聪明伎艺，才兼文武，仗顺伐逆，克雪家冤，成功遂事，有足称者。但国难之后，伤夷未复，信强寇之甘言，袭褊[①]心于怀楚，蕃屏宗支自为仇敌，孤远悬僻，莫与同忧，身亡祚灭，生人涂炭，举鄢、郢[②]而弃之，良可惜也。"

【注释】

①褊：音匾，狭小。

②鄢郢：音烟影。春秋楚文王定都于郢（今湖北江陵县附近），惠王之初曾迁都于鄢（今湖北宜城），仍号郢。因以"鄢郢"指楚都。

【译文】

梁元帝萧绎聪明博学，平定祸乱，但最终还是国破家亡。为什么？

虞世南说："梁元帝天资聪睿，书画术数，无一不通，可说文武全才。他凭借有利形势讨伐逆贼侯景，雪洗梁简文帝被杀的国耻家仇，功成名就而得以继位，的确有可称道之处。然而在国难之后，创伤尚未恢复的情况下，相信强敌西魏的甜言蜜语，因心胸狭小而即帝位于江陵，摒弃宗室兄弟，并视为仇敌，将他们分封到孤僻偏远之地，造成无人与他分忧国事的局面，结果国破身亡，生灵涂炭，使鄢郢之地弃于敌手，着实让人叹惜。"

臣行

【题解】

本篇所讨论的是历史上的臣子之道。作为人臣，有正面的，也有反面的，有看重现实功绩的，也有看重精神节操的……各种类型皆而有之。历史上的名臣将帅该如何评判？本篇认为，臣子的一举一动皆关涉王朝统治，关键在于总结臣子行为得失的功效是否有利于王朝的长远统治。诸种短视行为并不可取，而颇具精神气节的人才可流芳百世。同时，通达权变也是臣子应当掌握的重要能力之一。

【原文】

夫人臣萌牙未动，形兆未见，昭然独见存亡之机，得失之要，豫[①]禁乎未然之前，使主超然立乎显荣之处，如此者，圣臣也。虚心尽意，日进善道，勉主以礼义，谕主以长策，将顺[②]其美，匡救其恶，如此者，大臣也。夙兴夜寐，进贤不懈，数称往古之行事，以厉[③]主意，如此者，忠臣也。明察成败，早防而救之，塞其间，绝其源，转祸以为福，君终已无忧，如此者，智臣也。依文奉法，任官职事，不受赠遗[④]，食饮节俭，如此者，贞臣也。国家昏乱，所为不谀，敢犯主之严颜，面言主之过失，如此者，直臣也。是谓“六正”。

【注释】

①豫：提前。

②将顺：顺势促成。

③厉：通“励”。

④遗：音畏，给予，赠送。

【译文】

作为臣子，如能在事情萌芽未露、行迹兆头尚不明显的时候，就已经独具慧眼，洞察其存亡之先机、得失之关键，提前行动，防患于未然，使他的君主超然立于显贵荣耀之地，达到这种才能境界的，可称“圣臣”。始终谦虚谨慎，尽心竭力为君主效劳，经常进言良好的治国建议，勉励君主恪守礼仪，劝说君主长远策划，顺势促成君主的美德善行，及时匡救君主的恶风陋习，做到这种程度的，可称“大臣”。为政勤勉，早起晚睡，终生不懈地举贤荐能，还博学通识，经常引证古代明君治国的经验教训来激励君主，能做到这些的，可称“忠臣”。深谋远虑，明察事情成功、失败的关键，事先预防，事后补救，堵塞漏洞，杜绝根源，转祸为福，使君主始终不必忧虑，能做到这样的，可称“智臣”。奉公守法，忠于职守，不受贿赂，日常清俭，能做到这样的，可称“贞臣”。当君昏国乱时，所作所为不阿谀逢承，敢犯言直谏，当面指出君主的过错，能做到这样的，可称“直臣”。这六种类型，总称“六正”。

【原文】

安官贪禄，不务公事，与世沉浮，左右观望，如此者，具臣[①]也。主所言皆曰善，主所为皆曰可，隐而求主之所好而进之，以快主之耳目，偷合苟容，与主为乐，不顾后害，如此者，谀臣也。中实险诐[②]，外貌小谨，巧言令色，又心疾贤，所欲进则明其美，隐其恶；所欲退则彰其过，匿其美，使主赏罚不当，号令不行，如此者，奸臣也。智足以饰非，辩足以行说，内离骨肉之亲，外妒乱于朝廷，如此者，谗臣也。专权擅势，以轻为重，私门成党，以富其家，擅矫[③]主命，以自显贵，如此者，贼臣也。谄主以佞邪，坠主于不义，朋党比周，以蔽主明，使白黑无别，是非无闻，使主恶布于境内，闻于四邻，如此者，亡国之臣也。是谓“六邪”。

【注释】

①具臣：备位充数之臣。具，准备。

②诐，音必，偏颇、邪僻。

③矫：矫诏，即假托或假传的皇帝诏书，或者篡改皇帝的诏令。

【译文】

安于官职，贪取俸禄，不务正事，随波逐流而缺乏主见，左右观望，见风使舵，这样的臣僚，叫“具臣”。凡君主所说的都一味加以赞美，凡君主所做的都一味加以肯定，暗中揣摩君主的嗜好而进献礼物，满足君主的声色之乐，奉承迎合苟且存活，凡事投其所好，丝毫不考虑后患，这样的臣僚，叫“谀臣”。内心阴险奸诈，外貌谨小慎微，花言巧语极尽讨好，却又嫉贤妒能，对于想推荐的人就大肆夸赞他的优点，隐瞒他的缺点，对于自己不满意的人就夸大他的过失，隐瞒他的优点，结果使君主赏罚不当，号令不能贯彻，这样的臣僚，叫“奸臣”。才智足以文过饰非，舌辩足以貌若一家学说，对内离间骨肉之亲，对外使满朝文武相互猜忌而造成混乱，这样的臣僚，叫“谗臣”。专擅国柄权谋，颠倒轻重，结党营私，壮大自己的势力，擅自矫诏君主之命，借以彰显自己的地位，这样的臣僚，叫“贼臣”。使奸邪之手段来谄媚君主，又陷君主于不义，结纳朋党，蒙蔽君主，使之不明黑白，不辨是非，还让君主的恶名传布境内，四邻皆知，这样的臣僚，叫“亡国之臣”。这六种类型，总称“六邪”。

【原文】

或曰：叔孙通阿二世意，可乎？司马迁曰：“夫量主而进，前哲所韪[①]。叔孙生希世度务制礼，进退与时变化，卒为汉家儒宗。古之君子，直而不挺，曲而不挠，大直若拙[②]，道同逶迤[③]，盖谓是也。”

【注释】

①韪：音伟，是、对，表肯定。

②大直若拙：最正直的人外表反似委曲随和。

③逶迤：曲折。

【译文】

有人问：“叔孙通阿谀逢迎秦二世的心思，这样对吗？”司马迁说：“叔孙通考量君主的不同，以便决定自己的进退，这是前代哲人所赞同的。他顺应世事揣度时务，制定礼乐之法，与时俱进，最终成为汉朝一代儒学宗师。古代的君子，正直而不固执，通达而不受屈，貌似弯曲却并非诚心屈服，就好像蜿蜒曲折的小道，大概说的就是这个意思。”

【原文】

或曰："季布[①]，壮士。而反摧刚为柔，髡钳[②]逃匿，为是乎？"司马迁曰："以项羽之气，而季布以勇显于楚，身屡典军搴旗[③]者数矣，可谓壮士。然至被刑戮，为人奴而不死，何其下也！彼必自负其材，故受辱而不羞，欲有所用其未足也，故终为汉名将。贤者诚重其死，夫婢妾贱人，感慨[④]而自杀者，非勇也，其计尽无复之耳。"

【注释】

①季布：楚人，本为游侠，重义信诺。汉初名将，楚汉战争中，为项羽部将，数困刘邦。汉立，刘邦悬赏千金寻找季布，不得已剃发为奴，后来由夏侯婴向刘邦进言，方得赦免。

②髡钳：亦作"髠钳"，古代刑罚，谓剃去头发，用铁圈束颈。髡，音昆。

③搴旗：拔取敌方旗帜。搴：音迁，拔取。

④感慨：亦作"感嘅"，谓情感愤激。

【译文】

有人问："季布本是豪壮之人，竟然能做到变刚强为曲柔，剃发为奴，四处逃躲，这样的做法对吗？"

司马迁说："有项羽那样的英雄气概，而季布仍能以武勇扬名于楚军中，多少次身先士卒，冲锋陷阵，夺旗斩将，称得上是真正的壮士。可是等到项羽战败，季布也为刘邦所通缉，他又甘心剃发为奴而不自杀，又显得多么卑下啊。他肯定是坚信自己有不凡的才能，所以即使受尽了屈辱但不以为耻，盼望有机会能施展自己尚未充分发挥的才能，因而最终还是成了汉代的名将。贤者的确把重视死节，但也并不像婢妾那种下贱之人，为一时感愤就自杀了事，那不是勇敢的表现，而是无计可施、无路可走的做法。"

【原文】

世称郦寄[①]卖交，以其给[②]吕禄[③]也，于理何如？班固曰："夫卖交者，谓见利忘义也。若寄，父为功臣而执劫，虽摧吕禄，以安社稷，义存君亲可也。"

【注释】

①郦寄：西汉大臣，开国大将郦商之子，与吕禄交情深厚。吕后死，丞相陈平、太尉周勃等谋划诛杀诸吕，便劫持郦商，逼郦寄骗吕禄出游，周勃乘机控制军权，诛吕之谋得以成功。

②给：音带，欺诈、欺骗。

③吕禄：吕后之侄，掌握禁军。

【译文】

世人谈到郦寄时往往说他出卖了朋友，因为他欺骗了吕禄，这个道理该怎么讲呢？班固说："所谓出卖朋友，是指那种见利忘义的行为。而郦寄，其父身为开国功将而被劫持，虽然他这么做出卖了吕禄进而摧毁了吕氏家族，但最终目的是为了安定国家，道德大义在于维护君主、保护父亲，应该说是值得称赞的。"

【原文】

或曰："靳允违亲守城[①]，可谓忠乎？"徐众曰："靳允于曹公，未成君臣。母，至亲也，于义应去。昔王陵[②]母为项羽所拘，母以高祖必得天下，因自杀以固陵志。明心无所系，然后可得事人，尽其死节。卫公子开方[③]仕齐，十年不归。管仲以其不怀其亲，安能爱君，不可以为相。是以求忠臣必于孝子之门。允宜先救至亲。徐庶母为曹公所得，刘备遣庶归。欲为天下者，恕人子之情，公又宜遣允也。"

【注释】

①靳允违亲守城：东汉末年，曹操带兵征讨徐州时，命令大夫程昱留守后方重镇甄城。在此期间，张邈叛乱，迎接吕布攻入兖（音眼）州，一时声威大震，郡县望风而从，只有甄城、范县、东阿没有拿下，形势非常紧张。吕布派人抓住范县守将靳允的母亲，企图胁迫靳允归顺。程昱亲自去游说靳允，结果靳允不再考虑母亲的安危而固守范县。

②王陵：西汉初年刘邦重要大臣，后官至右丞相、太傅。

③开方：本是卫国的长公子，放弃卫国储君不做，而对齐桓公姜小白忠心追随，十余年没有回家，父母去世也不回国奔丧。

【译文】

有人问："靳允不顾至亲安危而固守城池，算得上忠吗？"徐众说："靳允之于曹操，彼时还没有形成君臣关系；而母亲是骨肉至亲，从义的角度应该弃城救母。从前王陵的母亲被项羽拘捕，王母认为刘邦定会得天下，因此自杀以巩固王陵为刘邦尽忠尽节的决心。这说明，只有内心无所牵挂，然后才能一心一意效忠君王，至死无悔。卫国的长公子开方在齐国做官，十来年没有回家探亲，管仲认为他对自己的至亲都不尽孝心，怎么会诚心敬爱君王，这样的人不宜做宰相。因此说，若要寻求忠臣，就必须到孝子中去挑选。靳允应该先营救自己的母亲。徐庶的母亲被曹操软禁，刘备得知这一情况后，就派遣徐庶投奔曹操而救母。想要夺取天下的豪杰，应当体谅孝子的拳拳之心，于此来看，曹操也应该主动派遣靳允去救他的母亲。"

【原文】

诸葛亮以马谡败于街亭①，杀之。后蒋琬②谓亮曰："昔楚杀得臣[3]，然后文公喜，可知也。天下未定，而戮智计之士，岂不惜哉？”亮流涕曰：“孙武所以能制胜者，用法明也。是以杨干[4]乱法，魏绛戮之。四海分裂，兵交方始，若复废法，何用讨贼耶？”

习凿齿[5]曰：“诸葛亮之不能兼上国也，岂不宜哉？夫晋人视林父[6]之后济，故废法而收功；楚成暗得臣之益已，故杀之以重败。今蜀僻陋一方，才少上国，而杀俊杰，退收驽下[7]之用；明法胜才，不师三败之道，将以成业，不亦难乎？”

【注释】

①街亭：古地名，关陇地区战略要地，在今甘肃秦安县陇城镇。

②蒋琬：三国蜀汉文官中的重要大臣，诸葛亮去世后接任大将军，辅佐刘禅，主持军政。

③得臣：楚成王时令尹（春秋战国时楚国最高执政官，相当于宰相）成得臣，据《左传》载，晋楚城濮之战，成得臣抗命不遵、贪功冒进，结果楚军大败，被逼自杀。

④杨干：春秋时晋悼公之弟。晋悼公伐郑战于虎牢时，杨干自恃身份不听军令，而被司马魏绛以军法论处。

⑤习凿齿：东晋著名文学家、史学家，著有《汉晋春秋》《襄阳耆旧记》等。

⑥林父：即荀林父，春秋时期晋国大臣。晋楚邲（音必）之战中，晋军大败。荀林父作为统帅回国请罪，晋景公允许他谢罪自杀，后听从大夫士贞子之劝，赦免其罪并官复原职。两年后，晋国采用荀林父的计划顺利讨伐郑国，报了邲之战的怨仇。

⑦驽下：资质驽钝，才能低下。驽，音奴，指劣马，走不快的马；喻愚钝无能。

【译文】

诸葛亮因马谡失守街亭，按军法将其处斩。事后蒋琬对诸葛亮说："从前楚成王因晋楚城濮之战失利而逼杀令尹成得臣，晋文公得知后很是高兴。现在天下未定，处死马谡这样有智谋的大将，岂不可惜？"诸葛亮泪流满面地说："孙武之所以能克敌制胜，是因为军法严明。也正因为此，晋悼公之弟杨干触犯军法而被司马魏绛果断斩杀。如今天下分裂，战争刚刚开始，如果废弛军法，还怎么讨伐贼寇呢？"

习凿齿评论说："诸葛亮不能兼并魏国，不是理所当然的吗？春秋时晋王认为荀林父以后必然能助晋国取得成功，所以没有按军法处置他战败于邲之罪，后来果然靠他胜利报复了郑国。楚成王不明白成得臣对楚国的重要性，将之逼死从而导致了更大的失败。而蜀国偏居西南一隅，人才本就比魏国少，却杀了马谡这样的俊杰之士，退而求其次起用庸碌之辈，把严明军法看得比人才更重要。诸葛亮不汲取北伐多次失败的教训，还想成就统一大业，不是太难了吗？"

【原文】

隋炀帝在东宫，尝谓贺若弼[①]曰："杨素、韩擒虎、史万岁三人，俱称良将，其间优劣何如？"对曰："杨素是猛将，非谋将；韩擒虎是斗将，非领将；史万岁是骑将，非大将。"太子曰："善。"

【注释】

①贺若弼：复姓贺若，字辅伯，隋朝名将。献灭陈十策，为文帝所重，并因伐陈之功进爵宋国公，官至右武侯大将军。后被炀帝加以诽谤朝政的罪名诛杀。

【译文】

隋炀帝在东宫做太子时，曾问将军贺若弼："杨素、韩擒虎、史万岁三人都被誉为良将，该怎么评价他们的优劣？"贺若弼回答说："杨素是猛将，不是谋将；韩擒虎是斗将，不是领将；史万岁是骑将，不是大将。太子道："说得好！"

【原文】

故自六正至于问将，皆人臣得失之效也。古语曰："禹以夏王，桀以夏亡；汤以殷王，纣以殷亡。"阖庐[①]以吴战胜，无敌于天下，而夫差以见擒于越；穆公以秦显名尊号，而二世以劫于望夷[②]。其所以君王者同，而功迹不等者，所任异也。是以成王处襁褓而朝诸侯，周公用事也；赵武灵王年五十而饿死于沙丘[③]，任李兑也。故魏有公子无忌，削地复得；赵任蔺相如，秦兵不敢出；楚有申包胥，而昭王反位；齐有田单而襄王得国。因斯而谈，夫有国者，不能陶冶世俗，甄综[④]人物，论邪正之得失，撮[⑤]霸王之余议[⑥]，有能立功成名者，未之前闻。

【注释】

①阖庐：春秋末吴国国君，夫差之父。

②望夷：秦代宫名，故址在今陕西省泾阳县东南，因东北临泾水以望北夷，故名。秦末，赵高迫杀秦二世于此。

③沙丘：战国时为赵国属地，赵王设离宫于此。遗址位于今河北省邢台市广宗县大平台村南，是一个长一百五十米、宽七十米的沙丘。因地势平坦，土壤多系沙质，到处堆积成丘，故名。

④甄综：综合分析，鉴定品评。

⑤撮：音挫，聚合、聚拢。

⑥余议：亦即"馀议"，余留可议的政事。

【译文】

所以，以上所谈从“六正”到“问将”，都是在总结做臣子的行为、才能等各方面的得失对国家兴衰的影响。古话说：“大禹能做开创夏朝的王，而桀却使之灭亡；成汤能做开创商朝的王，而纣却使之灭亡。”阖庐能使吴国战无不胜，无敌于天下，而其子夫差却被越王勾践俘虏，国破人亡；秦穆公使秦国声名显赫，做了诸侯的霸主，秦二世却被逼杀于望夷宫。他们有着相同的帝王身份，功业事迹却各个不同，根本原因在于所任用的臣子各有不同。因此，周成王尚处襁褓之中而使各国诸侯朝拜依旧，这是周公当政的缘故；赵武灵王五十岁时被围困在沙丘宫以至活活饿死，这是由于他错用了李兑。所以魏国因为有了公子魏无忌，被侵削的国土才一一收复；赵惠文王因为任命蔺相如出使秦国，才使秦国不敢再出兵攻打赵国；楚国因为有了申包胥这样的臣子，才使流亡他国的楚昭王回国复位；齐国因为有了田单这样的大臣，才使齐襄王得以复国。综上而言，得到了国家权力的君王，如果不能领导国家移风易俗，甄别、网罗贤能的人才，掂量清楚任用正义人士和邪恶奸臣的得失，综合吸取称霸为王的经验教训，却能功成名就、永垂青史的，历史上还从未听说过。

卷三　文下

反经

【题解】

人们历来认为仁义、赏罚是治国的基本纲领。然而，即使是仁义、赏罚等良好的治国方法，如果不根据实际情况恰当选用，反而会有害于国民。因此作者特别从反面论述好的治国方法可能带来的问题，就此撰写了“反经”这一篇。这是全书的着眼点，也是本书被后人称为“《反经》”的原因所在。

【原文】

臣闻三代之亡，非法亡也，御法者非其人矣。故知法也者，先王之陈迹，苟非其人，道不虚行。故《尹文子》[①]曰：“仁、义、礼、乐、名、法、刑、赏，此八者，五帝三王治世之术。”故仁者，所以博施于物，亦所以生偏私。义者，所以立节行，亦所以成华伪。礼者，所以行敬谨，亦所以生惰慢。乐者，所以和情志，亦所以生淫放。名者，所以正尊卑，亦所以生矜篡。法者，所以齐众异，亦所以乖名分[②]。刑者，所以威不服，亦所以生凌暴。赏者，所以劝忠能，亦所以生鄙争。”

【注释】

①《尹文子》：作者是齐国人尹文，战国时代著名哲学家。

②名分：名位身份。

【译文】

我听说夏、商、周三个朝代之所以消亡，并不是因为三代的法规制度过时了，而是因为执政的人不合适。由此可知，所谓法规制度，即前代君王遗留的经验，如果没有合适的人选，就不会真正得以贯彻实行。所以《尹文子》说："仁、义、礼、乐、名、法、刑、赏，这八种政治措施，是五帝和三王治理国家的基本方法。"所谓仁，本来是要广爱博施，可在实行的过程中却会生出偏袒徇私的情状。所谓义，本是要建立节操品行的标准，结果却流于哗众取宠、虚浮诈伪。所谓礼，本是为了让人们的言行严谨恭敬，但也在实行中滋生出惰怠和散漫。所谓乐，本来是用以调和性情的，但在实行过程中会叫人淫逸放浪。所谓名，本是为了明确划分身份的贵贱高低，但骄慢篡夺的野心也就因此而产生了。所谓法，本是为了使各行各业的人都有统一的行为准则，但在实行中却会使人背离本分。所谓刑，本来是要威摄、惩罚那些不服管束之人的，但在实行中会导致凌辱、暴虐百姓的行为。所谓奖，本来是为了劝勉人忠心效力、尽展其能，但也会导致卑鄙低俗的竞争。"

【原文】

《文子》[①]曰："圣人其作书[②]也，以领理百事，愚者以不忘，智者以记事；及其衰也，为奸伪，以解有罪而杀不辜。其作囿也，以奉宗庙之具，简[③]士卒，戒不虞[④]；及其衰也，驰骋弋猎[⑤]，以夺人时[⑥]。其上贤也，以平教化，正狱讼，贤者在位，能者在职，泽施于下，万人怀德；至其衰也，朋党比周，各推其与，废公趋私，外内相举，奸人在位，贤者隐处[⑦]。"

【注释】

①《文子》：即《通玄真经》，作者文子是道家始祖老子的弟子。

②作书：创制文字。

③简：检阅。

④不虞：出乎意料的事。

⑤弋猎：射猎，狩猎。弋，音意，用带绳子的箭射鸟。

⑥人时：有关耕获的时令节气。

⑦隐处：犹隐居。

【译文】

《文子》一书中说："圣人创制文字，为的是领导民众理解万事万物的道理，使愚笨的人加强记忆，使聪明的人记录事实。可当世道衰败时，也容易被奸诈虚伪之人所利用，替有罪的人辩护开脱，让无辜的人蒙冤而死。辟建园林，为的是作供奉祖宗灵位之用，平时也可以检阅训练军队，以防意外变故。到了也道衰微的时候，园林便成了王公驰射狩猎的场所，结果劳民伤财，贻误农时。尊崇任用贤才，为的是普及教化，公正法律判决，让贤德之人居于应有的地位，让有干才之人担当合适的官职，以便使君王的恩泽博施于民，广大百姓莫不感怀。但到了政治败坏时，往往结党营私、排斥异己，各自推举自己交好的人而循私废公，内外勾结，以至于奸人窃政，贤人被迫退隐。"

【原文】

《韩诗外传》曰："夫士有五反：有势尊贵，不以爱人行义理，而反以暴傲；家富厚，不以振①穷救不足，而反以侈靡无度；资勇悍，不以卫上攻战，而反以侵凌私斗；心智慧，不以端计教，而反以事奸饰非；貌美好，不以统朝莅人，而反以蛊女从②欲。”

【注释】

①振：同“赈”，赈济。

②从：古同“纵”。

【译文】

《韩诗外传》说：“士人往往会发生五种与本意相反的情况：掌有权势、地位尊贵以后，却不能爱护百姓、推行公义、通情达理，反而变得残暴傲慢。家境富裕以后，却不能周济贫困、扶危救难，反而变得骄奢淫逸、挥霍无度。仗着自己勇敢彪悍的资本，却不能保卫君王、驰骋沙场，反而变得欺小凌弱、好于私斗。心中富于智慧，却不能致力于治国谋划的正事，反而使奸耍滑、颠倒是非。相貌堂堂、风度翩翩之人，却不能在朝堂树立良好形象、为人表率，反而借此蛊惑女色，行淫纵欲。”

【原文】

太公曰：“明罚则人畏慑，人畏慑则变故出。明察则人扰，人扰则人徙，人徙则不安其处，易以成变。”

【译文】

姜太公说：“刑罚严明，人心就会感到畏惧；人心畏惧，就容易生出变故。明察秋毫，人心就会感到纷扰不安；人心纷扰不安，就容易导致人员流徙，人员流徙，就自然不会再安居原地了，这样就容易发生变乱。”

【原文】

晏子曰：“臣专其君，谓之不忠；子专其父，谓之不孝；妻专其夫，谓之嫉妒。”

【译文】

晏婴说："做臣子的，博得君主的专宠，叫作不忠；当儿子的，获得父亲的偏爱，叫作不孝；为人之妻的，独霸丈夫的感情，叫作嫉妒。"

【原文】

韩子曰："儒者以文乱法，侠者以武犯禁。"

【译文】

韩非子说："儒生用文献典章扰乱国家法令，侠士因果敢勇武而冒犯禁令。"

【原文】

子路拯溺而受牛谢[①]，孔子曰："鲁国必好救人于患也。"子贡赎人而不受金于府。孔子曰："鲁国不复赎人矣。"子路受而劝德，子贡让而止善。由此观之，廉有所在，而不可公行。

【注释】

①谢：告诉。

【译文】

子路救了一个落水的人，而领受了一头牛的酬谢，他把这件事告诉了孔子，孔子说："以后鲁国的人必定都愿意救人于危难之中了。"子贡赎买了奴隶，却不接受官府的奖金，孔子说："以后鲁国不会再有人自己掏钱赎买奴隶了。"子路接受了别人的谢礼，从而起到了劝勉人们行善的作用；子贡谦让，谢绝受赏，反而阻塞了人们效仿为善的路子。由此看来，廉洁谦让的美德也是分场合的，并非可以不分时间、地点等具体情况而广泛推行。

【原文】

慎子[1]曰："忠未足以救乱代，而适足以重非。"何以识其然耶？曰，父有良子而舜放瞽叟[2]，桀有忠臣而过盈天下。然则孝子不生慈父之家，而忠臣不生圣君之下。故明主之使其臣也，忠不得过职，而职不得过官。"

【注释】

①慎子：即慎到，赵国人，是从道家中分离出来的法家代表人物。

②瞽瞍：音谷叟，人名，舜之父。

【译文】

慎到说："作为臣子，仅靠忠诚并不足以救治乱世，如果一味坚持，反而只会加重那个时代的混乱。如何认识这个道理呢？譬如瞽瞍很坏却有个好儿子，舜一次次死里逃生，并原谅了父亲；桀是最坏的君王之一，却有不少忠臣，结果使他的罪过盈满天下。因此孝子并不生在慈父之家，忠臣也不产生于贤明君主之下。英明的君主所任用的臣子，其忠诚行为不得超过他的职分，而他的职分也不能超越其权责范围。"

【原文】

鬼谷子曰："将为胠箧[1]探囊发匮[2]之盗，为之守备，则必摄缄縢[3]，固扃镭[4]，此代俗之所谓智也。然而巨盗至，则负匮揭箧，担囊而趋，唯恐缄縢扃镭之不固也。然则向之所谓智者，有不为盗积者乎？其所谓圣者，有不为大盗守者乎？"何以知其然耶？昔者齐国，邻邑相望，鸡狗之音相闻，罔罟[5]之所布，耒耨[6]之所刺，方二千余里。阖四境之内，所以立宗庙社稷，治邑屋[7]州闾[8]乡里者，曷[9]常不法圣人哉！然而田成子一朝杀齐君而盗其国，所盗者岂独其国耶？并与圣智之法而盗之。故田成子有乎盗贼之名，而身处尧、舜之安，小国不敢非，大国不敢诛，十二代而有齐国，则是不乃窃齐国，并与其圣智之法，以守其盗贼之身乎？

跖[⑩]之徒问于跖曰：“盗亦有道乎？”跖曰：“何适而无有道耶？夫妄意室中之藏，圣也；入先，勇也；出后，义也；知可否，智也；分均，仁也。五者不备而能成大盗者，天下未之有也。”

由是观之，善人不得圣人之道不立，盗跖不得圣人之道不行。天下之善人少，而不善人多，则圣人之利天下也少，而害天下也多矣。”

【注释】

①胠箧：音区窃，撬开箱箧，后亦用为盗窃的代称。箧，泛指箱子一类的东西。

②发匮：揭开大箱子。匮，即“柜”。

③缄縢：绳索。

④扃鐍：音门（迥，阴平）决。扃，本指从外边关门的门闩，此即箱柜的开关。鐍，锁钥，即箱子上加锁的铰钮。

⑤罔罟：音网鼓，渔猎的网具。

⑥耒耨：犁和锄，亦泛指农具。耒，音垒。

⑦邑屋：古代行政区域单位。“六尺为步，步百为亩，亩百为夫，夫三为屋，屋三为井，井四为邑。”

⑧间：古代一种居民组织，“五家为比，五比为闾”，即二十五家为一闾。

⑨曷：音何，疑问代词或副词。

⑩跖：音执，即盗跖。盗跖原名展雄，又名柳下跖、柳展雄，系春秋、战国之际奴隶起义领袖。

【译文】

鬼谷子说："总有溜门撬锁、掏摸口袋、翻箱倒柜这一类的盗贼，为了防备他们，人们就必须把宝物用绳索捆绑好，再上锁固定好。这样的防盗办法，历代被世俗的人们当作聪明的表现。可是一旦江洋大盗来了，背起柜子、扛起箱子、挑起口袋就走，这时他们唯恐你捆得不紧、锁得不牢呢。由此看来，以前被认为是聪明的人，不正是在为盗贼做积累的准备吗？而那些世俗所称的圣人，能说没有不为大盗做此守护者的吗？"怎么理解这个道理呢？从前的齐国，城镇相连，人口密集，可供人们捕鱼打猎、耕田播种的土地，方圆达两千余里。齐国境内，上到宗庙、社稷的建设，下到城镇乡村的组织规划，哪一样不是依照其开国圣人姜太公的做法呢？然而等到后来田成子一朝之时就杀了齐简公，进而窃取了齐国，那么田成子所到手的又岂止是一个齐国？他是一并把圣明智慧的治国之法都偷过来了，所以历史上虽然骂田成子是窃国大盗，可齐国权势到手后，他就像尧舜一样安坐君王的交椅，弱小之邦不敢妄加非议，强大之国也不敢兴兵征伐，田氏国君宝座到底传了十二代，这难道不是不但盗取了齐国的江山，而且偷窃了姜太公开创的圣明智慧的治国之法，而这些权势、法度又反过来保护了这个窃国大盗吗？

盗跖的门徒问盗跖："当强盗也有道吗？"盗跖说："天下什么事能离得了道呢？能够预测其家中所藏多少，是圣。入室行盗前一马当先，是勇。撤退时殿后，是义。能决断可不可偷，是智。到手财物分配得均匀，是仁。这五条标准不具备而能成为大盗的，天下还没有过呢。"由此看来，好人不懂得圣人之道就难立身处世，盗贼不掌握圣人之道也难以行盗。天下到底还是好人少而坏人多，所以圣人之道为天下带来的利益就少，而给天下带来的祸害也就多了。

【原文】

由是言之，夫仁、义、礼、乐，名、法、刑、赏，忠孝贤智之道，文武明察之端，无隐于人，而常存于代。非自昭于尧汤之时，非故逃于桀纣之朝。用得其道则天下理，用失其道而天下乱。故知制度者，代非无也，在用之而已。

【译文】

据此概言之，儒家的仁、义、礼、乐也好，法家的名、法、刑、赏也罢，还有忠孝贤智等道德，以及文韬武略、审时度势等才智，并没有向哪些人隐瞒，而是代代常存的，并不自行昭显于唐尧、商汤等圣明时代，也并非到了夏桀、商纣等昏乱时代就逃离不见了。关键在于怎样运用它：使用得当就天下大治，使用不当就天下大乱。所以可知，仁义礼乐名法刑赏等这些治国思想、规章制度，每个时代都不缺少，关键在于使用方法不同、效果不同罢了。

正论

【题解】

自春秋战国以来，诸子百家争鸣于时，其学说各有其道理，也各有弊端。事实上，各家学说在治国为政之根本上是完全一致的，而问题在于其学说提出的背景是否变化及施行合理与否。也就是说，关键在于他们是否能做到实事求是、因时制宜。本篇是对上篇“反经”的补充。

【原文】

孔子曰："六艺[①]于理一也。《礼》以节人，《乐》以发和，《书》以导事，《诗》以达意，《易》以神化，《春秋》以道义。"

故曰："入其国，其教可知也。其为人也，温柔敦厚，诗教也；疏通知远，书教也；广博易良，乐教也；洁静精微，易教也；恭俭庄敬，礼教也；属辞比事[②]，春秋教也。故《诗》之失[③]，愚；《书》之失，诬，《乐》之失奢，《易》之失贼，《礼》之失烦，《春秋》之失乱。其为人也。温柔敦厚而不愚，则深于《诗》也；疏通知远而不诬，则深于《书》也；广博易良而不奢，则深于《乐》也；洁静精微而不贼，则深于《易》也；恭俭庄敬而不烦，则深于《礼》也；属辞比事而不乱，则深于《春秋》也。"

【注释】

①六艺：此指春秋时期孔子开私学所授的六艺，即儒学六经。

②属辞比事：原指连缀文辞，排比事实，记载历史。后泛称作文纪事。

③失：即失衡，意思是如果过分强调某一经书的教化容易导致偏颇或弊端。

【译文】

孔子说："儒学六经在治国思想方面是一致的。《礼》用来规范人的言行，《乐》用来启发人培养平和的心志，《书》用来指导为人处事，《诗》用来表达情意，《易》用来预测神妙的变化，《春秋》用来明辨道义。"

所以说到了一个国家，这个国家的教化程度就可以感受到。如果民风淳朴敦厚，这是《诗》的教化结果；民众通达事理，有远见卓识，是《书》的教化结果；心胸大度，平易善良，是《乐》的教化结果；心志纯洁，见识精微，是《易》的教化结果；恭敬俭朴，谦逊庄重，是《礼》的教化结果；善于言辞，比附事实，是《春秋》的教化结果。所以过分强调《诗》的熏陶教育，人则愚昧；过分强调《书》的熏陶教育，则多诬陷不实之言；过分强调《乐》的熏陶教育，则浮奢淫逸；过分强调《易》的熏陶教育，则民众会变得狡猾邪恶；过分强调《礼》的熏陶教育，则行事烦琐；过分强调《春秋》的熏陶教育，则朝野上下秩序混乱。民风温和敦厚而不愚昧，这是深刻领会《诗经》的结果。民众如果既通达事理，有远见卓识，又诚实正直，这是深刻领会《书》的结果。心胸大度、平易善良而不骄奢淫逸，这是深刻领会《乐》的结果。心志纯洁，见识精微而不邪恶，这是深刻领会《周易》的结果。恭敬俭朴，谦逊庄重而行事不烦琐，这是深刻领会《礼》的结果。善于言辞，比附事实而秩序不乱，这是对深刻领会《春秋》的结果。

【原文】

自仲尼没而微言绝，七十子丧而大义乖。战国纵横，真伪分争，诸子之言，纷然散乱矣。

儒家者，盖出于司徒之官，助人君，顺阴阳，明教化者也。游文于六经之中，留意于仁义之际，祖述①尧舜，宪章文武，宗师仲尼，此其最高也。然惑者既失精微，而僻者又随时抑扬，违离道本，苟以哗众取宠，此僻儒之患也。

【注释】

①祖述：效法遵循前人的学说或行为。

【译文】

自从孔子去世后，精要微妙的言论就断绝了，他的七十位弟子去世后，儒家的要旨就出现了分歧。到了战国时期，形势纵横交错，造成真伪分争的局面，诸子百家的学说纷然杂乱。

儒家学派，大概是出自掌管教化的司徒之官，他们辅佐君主，和顺阴阳，昌明教化。他们遍读儒学六经，注重仁义道德的修养，师法唐尧、虞舜之道，效仿周文王、周武王，尊孔子为宗师，这是他们引以为崇高的境界。然而迷惑的人，已经不知其精深微妙之处，邪僻的人又随时代的变迁加以贬低或抬高，背离了儒家之道的本旨，甚至用以哗众取宠，这都是浅薄的儒生所带来的祸患。

【原文】

道家者，盖出于史官，历[①]纪成败，秉要执本，清虚以自守，卑弱以自持，此君人南面者之术也。合于尧之克让，《易》之谦谦，此其所长也。及放者为之，则欲绝去礼乐，兼弃仁义，独任清虚，何以为治？此道家之弊也。

【注释】

①历：普遍。

【译文】

道家学派，大概是出自史官。他们一一记载了古今成败的事迹，因而懂得抓住要点、掌握根本，他们清静虚无而善守本性，谦卑柔弱而保持自我，他们把这一原则作为君临天下、治国安邦的根本大法。道家学说符合尧的克己谦让、《周易》的隐忍谦恭，这是它的长处。等到后世狂放的人来推行，就想抛弃礼乐制度的束缚，同时抛弃仁义的原则，只是推崇清静虚无，这样怎么能治理天下。这是道家的流弊。

【原文】

阴阳家者，盖出于羲和[1]之官，敬顺昊天，历象日月星辰，敬授人时，此其所长也。及拘者为之，则牵于禁忌，泥于小数，舍人事而任鬼神，此阴阳之弊也。

【注释】

①羲和：羲氏、和氏，传说我国古代世袭掌管天文历法的官。

【译文】

阴阳家学派，大概是出自掌管天文历法的羲、和之官，他们尊敬顺应上天，观测推算日月星辰的运行规律，谨慎地通告有关农耕的四时节令，这是阴阳家的长处。等到拘泥的人来实行，就受制于诸多忌讳和小道术数，舍弃人事而迷信鬼神，这是阴阳家的流弊。

【原文】

法家者，盖出于理官[1]，信赏必罚，以辅礼制，此其所长也。及刻者为之，则亡教化，去仁爱，专任刑法，而欲以致治，至于残贼至亲，伤恩薄厚，此法家之弊也。

【注释】

①理官：古代掌管监狱、诉讼的官员。

【译文】

法家学派，大概是出自掌管司法的官。他们讲求信用，赏罚分明，用此辅助礼制来治理天下，这是法家的长处。等到苛刻的人来实行，就不讲教育，抛开仁爱，专用刑法而想达到天下大治，甚至于残害亲人，把厚恩变为薄情，这是法家的流弊。

【原文】

名家者，盖出于礼官，古者名位不同，礼亦异数，孔子曰："必也正名乎。"此其所长也。及警者为之，则苟钩釽[1]析乱而已，此名家之弊也。

【注释】

①釽：音姑，铁釽，系纤绳的用具。

【译文】

名家学派，大概是出自礼官。古时，人们的身分地位不同，礼仪等级也不一样。孔子说："一定要让行为符合相应的名分啊！"这是名家的长处。等到吹毛求疵之人来实行，就胡乱辨析名分而不顾实际情况。这就是名家的流弊。

【原文】

墨家者，盖出于清庙之官。茅屋采[1]椽，是以贵俭；养三老五更[2]，是以兼爱；选士大射[3]，是以上贤；宗祀严父，是以右鬼；顺四时而行，是以非命；以孝示天下，是以上同[4]。此其所长也。及蔽者为之，见俭之利，因以非礼；推兼爱之意，而不知别亲疏。此墨家之弊也。

【注释】

①采：同"棌"，柞（音做）木。

②三老五更：均为官名，以年老致仕的官员充任，受朝廷礼遇。古代设三老五更之位，天子以父兄之礼养之，以示孝悌之意。

③大射：古代为祭祀而举行的射礼，中者参与，不中者退出。

④上同：即"尚同"。

【译文】

墨家学派，大概是出自掌管宗庙的官。他们住的是柞木椽子搭的茅草屋，因而以节俭为贵；赡养三老五更，因而以兼爱为荣；选拔能士和举行射礼，因而以贤德为尊；宗庙祭祀敬重父辈，因而以鬼神为崇；顺从四季节令行事，因而不相信吉凶天命；用孝敬来明示天下，因而主张天下大同。这些都是墨家的长处。等到有所被蒙蔽的人来实行，只看到俭约的好处，因而就否定礼制，只知推崇兼爱，而不分别亲近与疏远。这是墨家的流弊。

【原文】

纵横家者，盖出于行人之官①。孔子曰："使乎，使乎！"言当权事制宜，受命不受辞，此其所长也。及邪人为之，则上诈谖②而弃其信，此纵横之弊也。

【注释】

①行人之官：官名，掌接待诸侯及诸侯之上卿之礼。

②谖：音宣，欺诈。

【译文】

纵横家学派，大概是出自接待宾客、出使外交一类的官。孔子说："使者啊，使者啊！"意思是说外交事务应当权衡利弊，因事制宜，只接受外交使命而不拘泥于全部外交辞令，这是纵横家的长处。但心术不正的人来推行，就开始崇尚欺诈、抛弃信义。这是纵横家的流弊。

【原文】

杂家者，盖出于议官，兼儒、墨，合名、法，知国体之有此，见王理之无不贯，此其所长也。及荡者为之，则漫羡①而无所归心，此杂家之弊也。

【注释】

①漫羡：散漫，放荡。

【译文】

杂家学派，大概是出自议政之官。杂家兼容儒家和墨家思想，揉合名家和法家的主张，他们明白国家体制应当有所融汇，实现明君治世必须无不贯通，这是杂家的长处。等到放荡无所守的人来推行，就散漫贪妄而不知所归、不知所用。这是杂家的流弊。

【原文】

农家者，盖出于农稷之官。播百谷，勤耕桑，以足衣食，孔子曰："所重人食。"此其所长也。及鄙者为之，则欲君臣之并耕，悖上下之序，此农家之弊也。

【译文】

农家学派，大概是出自主管农业的官，他们种植各种农作物，鼓励耕种和养蚕，以达到百姓丰衣足食的目的。孔子说："最为重要的是人民和粮食。"这是农家的长处。等到见识浅薄的人来实行，就企图让国王和大臣也去耕种，这就违背了君臣上下的关系。这是农家的流弊。

【原文】

文子曰："圣人之从事也。所由异路而同归。秦、楚、燕、魏之歌，异转而皆乐；九夷八狄[①]之哭，异声而皆哀。夫歌者，乐之徵也。哭者，哀之效也。愔愔[②]于中而应于外，故在所以感之矣。"

【注释】

①九夷八狄：泛指华夏周边各民族。九夷，古代对东方的各民族的泛称。八狄，古代对北方部落的泛称。

②愔愔：和悦安舒貌。愔，音因。

【译文】

文子说："圣人的所作所为，都是殊途而同归。秦、楚、燕、魏的歌曲，虽然曲调不同，但都表达了欢乐之情；各少数民族的哭声不同却都是悲伤的表现。歌声是快乐的表现；哭泣是悲伤的结果。内心和悦闲适，外表必然要流露出来，所以凡有流露，就会使其他人也受到感染而一起快乐。”

【原文】

论曰：范晔称“百家之言政者，尚矣。大略[1]归乎宁固根柢[2]，革易时弊也。而遭运无恒，意见偏杂，故是非之论，纷然相乘。尝试论之：夫世非胥庭[3]，人乖彀[4]饮，理迹万肇，情故萌生。虽周物之智，不能研其权变[5]；山川之奥，未足况其纡险[6]。则应俗适事，难以常条。何以言之？若夫元圣御代，则大同极轨，施舍之道，宜无殊典[7]。而损益异运，文朴递行，用明居晦，回穴[8]于曩时[9]；兴戈陈俎[10]，参考于上世。及至戴黄屋[11]，服絺[12]衣，丰薄不齐，而致治[13]则一。亦有宥公族，黥[14]国仇。宽躁已隔，而防非必同。此其分波而共源，百虑而一致者也。若乃偏情矫用，则枉直必过。故葛屦[15]履霜，弊由崇俭；楚楚衣裳[16]，戒在穷奢；疏禁厚下[17]，以尾大陵弱；敛威峻法，以苛薄分崩。斯曹、魏之刺，所以明乎国风；周秦末轨，所以彰于微灭。故用舍之端，兴败资焉。是以繁简惟时，宽猛相济。刑书镌鼎，事有可详；三章[18]在令，取贵能约。大叔[19]致猛政之褒，国子流遗爱[20]之涕，宣孟[21]改冬日之和，平阳循画一之法[22]，斯实弛张之宏致，庶可以征其统乎？数子之言当世失得，皆悉究矣。然多谬通方[23]之训，好申一隅之说。贵清净[24]者，以席上[25]为腐议；束名实者，以柱下[26]为诞辞。或推前王之风，可行于当年，有引救弊之规，宜流于长世。稽之笃论，将为蔽矣。”

【注释】

①大略：大概，大要。略，要。

②根柢：草木的根，比喻事物的根基、基础。柢，音抵，根。

③胥庭：太古帝王赫胥氏和大庭氏的并称，彼时“含哺而嬉，鼓腹而游”。胥，音需。

④彀：音扣，需母鸟哺食的幼鸟。

⑤权变：灵活应付随时变化的情况。

⑥纡险：盘曲险阻。

⑦殊典：不同的规章。

⑧回穴：交错不齐。

⑨曩时：往时，从前。曩，音囊，上声。

⑩陈俎：陈设俎豆。意谓会盟，止息干戈。俎和豆，是古代祭祀、宴会时盛肉类等食品的两种器皿。

⑪黄屋：古代帝王专用的黄缯车盖。

⑫绨：音吃，细葛布。

⑬致治：使国家在政治上安定清平。

⑭黥：音晴，又叫墨刑，即在人脸或身体其他部位上刺字，然后涂以墨或别的颜料，使所刺的字成为永久性的记号。

⑮葛屦：《诗经·魏风》篇名。屦，鞋子。

⑯楚楚衣裳：《诗经·曹风·蜉蝣》诗句：“蜉蝣之羽，衣裳楚楚。”

⑰厚下：指周王朝分封诸侯国太多，导致后来王室衰微而诸侯强盛的局面。

⑱三章：指汉高祖刘邦攻入关中时与秦人约法三章的故事。

⑲大叔：即子大叔，其名游吉，世人尊称其子大叔。春秋时郑国正卿，才德兼备的政治家与外交家。年少有仪度，支持子产改革，受到重视，前522年继子产执政。长于外交辞令，多次出使晋、楚大国，为政先宽后猛。

⑳遗爱：指子产被人爱戴，为政有古人之遗风。

㉑宣孟：春秋中前期晋国卿大夫赵盾，其父为晋文公称霸的五贤士之一赵衰。宣孟，是其死后的谥号。据《左传·文公七年》中载，“赵衰，冬日之日也。赵盾，夏日之日也。”意谓“冬日可爱，夏日可畏。”

㉒平阳循画一之法：据《汉书》，曹参代萧何为相国，政令一仍其旧。百姓歌之曰：“萧何为法，讲若画一。曹参代之，守而勿失。载其清静，人以宁一。”平阳，即平阳侯曹参。

㉓通方：共通的道理。

㉔清净：指道家。

㉕席上：本义筵席之上首，此处指儒家。

㉖柱下：史载老子曾为周之柱下史，后以“柱下”为老子或老子《道德经》的代称。

【译文】

范晔说：“诸子百家有关政治的论说繁富深远，其要点归结于巩固政治根基，革易时代弊端。然而国家命运和时代形势并非一成不变，各种意见随之偏颇庞杂，所以对任何事情的是非评论，议论纷纷甚至互相矛盾。

对此我试作论述：现在的时代已经不是远古赫胥氏、大庭氏的时代了，人的心态也不像幼鸟待哺而食一样无所欲求了，世界上的道理千头万绪，各种情愫也不断萌生。即便有周全应对一切事物的智慧，也难以尽知人心的变转；即使高山大川的险峻幽深，也难以用之比况人心的难测，那么顺应世俗之事的推移变化，就难以用常规的办法处理了。为什么这样说呢？假如由大圣人来治理国家，那么实现天下大同的目标及最好途径、救济贫苦百姓的措施，应该也没什么不同的规章制度。然而在具体方面上，废除或增补交替使用，文丽和质朴也交相进行。表面所为或暗中所行，其交错不齐之态都已与往日不同；兴兵打仗或会盟交好，也只是与上一代的方式有所不同罢了。等到乘坐上了帝王专用的仪仗车子，抑或是穿上细葛布做的衣裳，虽厚薄华美与以往不同，但使国政安定清平的宗旨是一致的。他们同样有时宽恕达官贵族，或对乱臣贼党施以刑罚，虽宽松或严酷的程度有区别，但防范为非作歹的目的必然是相同的。这就是不同时代的政治制度虽然相异，本质却相同；思维方式虽有别，目标却一致。假如故意矫情用事，过于偏激，就必然会矫枉过正。所以穿着夏天的鞋子过冬，其弊病出于过分俭朴；天天都要衣冠楚楚，要警戒的在于极端奢侈。禁令不严、分封太广，就导致尾大不掉、欺凌弱小的情况；过于集权、刑法严酷，又因苛刻寡薄而导致分崩离析的局面。那《曹风》《魏风》等极尽讥刺之能事，是为了匡正当时的国家风气；周、秦王朝末年政治衰败，已经在许多细微小事上表现出来了。所以采用或舍弃什么样的制度，实在是决定一个国家兴盛还是衰败的先决条件啊。因此政策法规繁杂还是简约，要根据时代的要求决定，宽松与刚猛的政策应当相互补充，刑律铸刻在鼎上，固然详细，然而约法三章，其可贵之处就在于简明有效。郑国子大叔因为政苛猛而得到褒奖，而人们更因为贤相子产去世而涕泪不止。晋国赵盾一上台就改变其父赵衰的平和政策，而西汉平阳侯曹参代萧何为相后，却对原来的政令一仍其旧。这些都是为政弛张宽猛的极端例子，怎么可以强求它们都整齐划一呢？诸子百家的学说，论述的都是当时政治的功过得失，我们已经都认真探究过了。然而世人大多对治国为政的共通道理存在误解，往往只偏好于某一种学说。尊崇清静无为的道家，视儒家学说为迂腐之论；拘泥于名实的名家，却又认为道家学说荒诞。有的人推崇古代君王的教化之风，认为现在依然可以实行；有的人征引切时救弊的成规，认为应当流传于后世。其实如果认真确切地考究，这些认识都各有各的弊病。”

【原文】

由此言之，故知有法无法，因时为业，时止则止，时行则行，动不失其时，其道光明。非至精者，孰能通于变哉？

【译文】

由此来说，就知道治国无论有法或无法，都应当根据时势的不同来成就事业。某一时代结束了，其政治方针也就失去了效用；时代向前发展了，为政之“法”也要随时代而发展变化。只要行动不错过时机，前途必然光明。不具有至高智慧的人，谁能够通晓权变的奥妙呢？

卷四　霸纪上

霸图

【题解】

历史上，豪杰英雄出身不一，或自民间下层乘势而起、或自朝廷而兴，他们能够称王称霸的原因何在？最终成功建立王朝的，或长治久安、或短命而逝，其原因又何在？本篇纵览秦汉以至周隋各封建王朝之兴废、帝王之更替，即为寻觅其中缘由。

【原文】

臣闻周有天下，其理三百余年。成、康之隆也，刑措四十余年而不用。及其衰也，亦三百余年。故五伯①更起。伯者，常佐天子，兴利除害，诛暴禁邪，匡正海内，以尊天子。五伯既没②，贤圣莫续，天子孤弱，号令不行，诸侯恣行，强凌弱，众暴寡。田常篡齐，六卿③分晋，并为战国。此人之始苦也。于是强国务攻，弱国务守，合纵连横，驰车毂击④，介胄⑤生虮虱⑥，人无所告诉。

【注释】

①五伯：指春秋时期的五个霸主。伯：通“霸”。

②没：通“殁”，死。

③六卿：指当时共同掌握晋国政权的韩、赵、魏、范、中行、智六家。后来范、中行、智三家败亡，韩、赵、魏称为三晋，故史有“三家分晋”之说。

④毂击：本是战国齐人令车交驰，以毂相击为乐的一种活动，后又指车子来往，其毂相击，形容战事激烈。毂，音谷，车轮中心的圆木，周围与车辐的一端相接，中有圆孔，可以插轴。

⑤介胄：铠甲和头盔。胄，音皱。

⑥虮虱：虱及其卵。

【译文】

我听说周朝统治天下，太平无事的时间有三百多年。周成王、周康王隆盛之际，刑罚搁置四十多年不被使用；自开始衰微，又延续了三百多年。因此有春秋五霸相继兴起。这些霸主常常辅佐天子，兴利除害，诛除暴虐诸侯，禁止邪恶之事，扶正天下秩序，使天子仍享以尊崇。五霸去世后，如他们般的圣贤之人没有继续出现，天子于是孤弱起来。号令施行亦不畅通，诸侯恣意妄为，以强凌弱，以众欺寡。田常篡夺了齐国的大权；六卿竞相刮分晋国，最后韩、赵、魏三家成为战国时的诸侯国。这是百姓遭难的开始。当此之际，强国致力攻打弱国，弱国忙于严守，合纵连横，战火纷起，士兵的铠甲、头盔长满了虱子，百姓的冤苦无处诉说。

【原文】

及至秦蚕食天下，并吞战国，一海内之政，坏诸侯之城，法严政峻，谄谀者众。使蒙恬将兵北攻胡，尉佗[①]将卒以戍越，宿兵[②]无用之地，人不聊生。始皇崩，天下大叛，陈胜、吴广举于陈，武臣、张耳举于赵，项梁举吴，田儋举齐，景驹举郢，周市举魏，韩广举燕，穷山通谷，豪杰并起而亡秦族矣。

【注释】

①尉佗：即赵佗。秦朝将领，后在秦末大乱时，割据岭南，

建立南越国。佗，音驮。

②宿兵：驻扎军队。

【译文】

等到秦国蚕食天下，逐步并吞六国，统一四海政权，各诸侯的城池都遭到拆除。秦律法严酷，政治残暴，阿谀谄媚之徒众多。秦始皇派大将蒙恬率兵北击匈奴，派大将尉佗带军戍守越地，驻兵于荒僻无用之地，（耗费大量资财以致）民不聊生。秦始皇驾崩后，天下大乱，叛军蜂起，陈胜、吴广在陈地起义，武臣、张耳在赵地起义，项梁在吴地举兵，田儋在齐地举兵，景驹在郢地举兵，周市在魏地举兵，韩广在燕地举兵。天下各地，豪杰并起，最终灭掉了秦朝。

【原文】

汉高祖名邦，字季，姓刘氏，沛国丰邑①人，为泗上之亭长②。秦二世元年，陈胜等起，胜自立为楚王，沛人杀其令，立高祖为沛公。时项梁止薛③，沛公往从之，共立义帝④，约曰：先入咸阳者王之。

【注释】

①丰邑：今江苏省丰县。

②泗上之亭长：即泗上亭长，泗水亭在今江苏省沛县东。泗，音四。

③薛：古薛国，今山东枣庄市薛城区。

④义帝：犹假帝。

【译文】

汉高祖刘邦，字季，沛国丰邑人，早年担任泗水亭长之职，秦二世元年陈胜等人起义，陈胜自立为楚王。沛地人杀掉他们的县令，立刘邦为沛公。此时项梁驻军薛地，刘邦去跟随他，各路豪杰共同拥立楚怀王孙子为义帝。约定：先攻打进咸阳的，就称王关中。

【原文】

秦将章邯[①]，大败项梁于定陶，梁死，章邯以为楚不足忧，乃北伐赵。楚使项羽等救赵。遣沛公别将[②]西入关。沛公遂攻宛[③]，降之。攻武关[④]，大破秦军。入咸阳，与秦人约法三章。遣兵拒关，欲王关中。是时，项羽破秦军于河北，率诸侯兵四十万至鸿门[⑤]，欲击沛公。沛公因项伯[⑥]自解于羽。羽遂杀子婴而东都彭城[⑦]，立沛公为汉王，王巴、汉。于是用韩信策，乃东伐，还定三秦[⑧]。田荣怨项王之不己立，杀田市，自立为齐王。羽北击灭齐，而使九江王杀义帝于郴[⑨]。汉王为之缟素发丧，临三日，以告诸侯。

【注释】

①章邯：秦末上将军。秦二世时任少府，为秦朝的军事支柱，后于楚汉战争中，城破自杀。邯，音含。

②别将：秦汉时期，军中别部之统领官，也就是配合主力军作战的部队将领。

③宛：音渊，古时楚国地名，今河南南阳。

④武关：战国秦置，今陕西省商洛市丹凤县东武关河的北岸。

⑤鸿门：今陕西省临潼区城东约五公里的新丰镇鸿门堡村，即千古流传的“鸿门宴”故事发生地。

⑥项伯：战国末期的楚国贵族，项羽最小的叔父。

⑦彭城：今江苏徐州。

⑧三秦：关中一带在春秋战国时为秦国发源地。公元前207年，秦王子婴退位，让秦将章邯、董翳、司马欣接管秦地：章邯为雍王、董翳为翟王、司马欣为塞王。刘邦统一中国建立汉朝

后，关中被分为三个郡：京兆、左冯（音瓶）翊（音义）、右扶风。现将中国陕西的陕南、陕北、关中并称“三秦”。

⑨郴：今湖南郴州，以依郴江而名。

【译文】

秦将章邯在定陶大败项梁的军队。项梁战死，章邯认为楚军不值得忧虑，于是转而北攻赵地。楚王派项羽等率军解赵地之围，派沛公刘邦为别将向西攻入关中地区。刘邦于是攻打宛城，宛城守将投降。攻打武关，大败秦军。刘邦就此攻入咸阳，与秦地百姓约法三章。（同时，）派兵拒守武关，想要在关中称王。而此时，项羽在黄河北大败秦军，率各诸侯士兵四十万到达鸿门，想要攻打刘邦军队。刘邦由于项伯相救，得以逃脱。项羽于是杀掉秦二世子婴，而向东定都彭城。封刘邦为汉王，统治巴、蜀之地。于是刘邦用韩信的计策，向东进攻，再次安定三秦之地。齐地的田荣怨恨项羽不立自己为王，于是杀掉田市，自立为齐王。项羽率军北击灭齐，并派遣九江王英布在郴地杀死了义帝。刘邦却为义帝披麻戴孝，大办丧事，哀痛哭吊三天后，把此事遍告天下诸侯。

【原文】

汉王因项羽之击齐，率诸侯衣师五十六万，东袭楚，破彭城。羽闻之，留其将击齐，自以精兵三万归击汉。汉王与羽大战彭城下，汉王不利，出梁地①，至虞②，谓左右曰：“孰能为使淮南王黥布③，令发兵背楚，贸项王于齐数月，我之取天下，可以万全。”随何④乃使淮南，说布背楚。

【注释】

①梁地：指旧魏国的地方。都城大梁，故名梁地。今河南开封一带。

②虞：今山西省平陆县东北。

③黥布：又名英布，我国秦朝末期农民起义领袖之一，投靠项羽时，为西楚名将，后归附刘邦，被封为九江王，最后因谋反罪被杀。

④随何：西汉初年人，汉高祖军中的谒者即主管传达禀报的人。灭楚后，汉高祖贬低他的功劳，他用分析推理的手段为自己辩护，官至护军中尉。

【译文】

刘邦趁项羽去攻打齐王田荣之机，率各地诸侯的军队五十六万，向东偷袭楚国，攻破彭城。项羽听到这个消息，留下自己的属将攻打齐王，自己率领三万精锐部队回师攻打刘邦军队。刘邦与项羽在彭城下展开大战。汉军出师不利，奔出梁地，退到虞地，刘邦问左右大臣："谁能出使淮南，劝说淮南王英布举兵背叛项羽，使其军队留在齐地几个月，然后我夺取天下就不会再有危险了。"大臣随何于是出使淮南，成功劝说英布背叛楚王项羽。

【原文】

汉王如荥阳[①]，使韩信击魏王豹，虏之。汉遂与楚相距于荥阳。楚围汉王，用陈平计，间得出。入关收兵，欲复东，辕生说汉王，出军宛、叶[②]，引项王南渡，使韩信等得集河北。羽果引兵南渡，如其策。韩信与张耳，以兵数尢，东下井陉[③]击赵，破之。乃报汉，因请立张耳为赵王，以镇抚其国，汉王从之。

【注释】

①荥阳：今河南省荥阳市。荥，音行。

②叶：春秋时楚地，故城在今河南叶县南。

③井陉：即井陉关，古九塞之一，今河北省井陉县北井陉山。陉，音行。

【译文】

刘邦到荥阳，派韩信攻打魏王豹，俘虏了魏王。汉军与楚军在荥阳相持。楚军包围汉军，刘邦采用陈平离间计策，得以解围。刘邦回到关中招集士兵，想要再次东征，辕生劝说汉王发兵宛、叶，吸引项王军队南渡黄河，使韩信等人得以聚兵黄河北攻打项王。如此行动后，项羽果然领军南渡了，像辕生所谋划的那样。韩信和张耳领兵数万，东下井陉攻打赵地，取胜。于是报告汉王，请求立张耳为赵王，以便安抚赵地。刘邦答应了。

【原文】

十二月，汉王拒楚于成皋①，飨师欲复战。郎中郑忠说曰："王高垒深壁，勿与战，使刘贾②佐彭越入楚地，焚其积聚，破楚师必矣。"项羽乃东击彭越，留曹咎③守成皋。时汉数困荥阳、成皋，计欲捐成皋以东，屯巩、洛④以距楚。用郦生⑤计，复守成皋。羽初东，嘱曹咎曰："汉即挑战，慎勿与战，勿令汉得东而已。"咎乃出战死，汉王遂进兵取成皋。羽闻咎破，乃还军广武⑥间⑦，为高坛，置太公于其上。汉王遣侯公说羽，求太公，羽乃与汉约：中分天下，割鸿沟⑧以西为汉，以东为楚，归汉王父母及吕后。

【注释】

①成皋：又名虎牢，本古东虢（音国）国，春秋郑邑，为历代军事重地。楚汉亦相持于此。今河南省成皋县西北有成皋故城。

②刘贾：与汉高祖刘邦同为一族（一作汉高祖堂兄）。楚汉

战争时著名将领，西汉开国功臣，拜魏相国，又被封为梁王。与韩信、英布并称为汉初三大名将，后因被告发谋反，为刘邦所杀。

③曹咎：楚汉时期项羽手下大臣。官至大司马，封海春侯。

④巩、洛：皆地名，在今河南洛阳、巩义一带。

⑤郦生：即郦食其（音易机）。有言“食其者不避其难”，意思是食人俸禄，就要替人消灾，在人家遇难时不能逃避。战国末期人，谋士。他以其三寸不烂之舌游说列国，为刘邦的统一大业做了重大贡献。

⑥广武：古城在今河南荥阳东北广武山上，有东西二城，中隔一涧。为刘邦、项羽对峙处。

⑦间：同“涧”。

⑧鸿沟：古代运河，在今河南省荥阳市，楚汉相争时是两军对峙的临时分界。

【译文】

（汉高祖四年）十二月，汉王在成皋与楚军相持不下，犒饷将士之后，想继续作战。郎中郑忠进谏说：“大王您加固军垒，不要作战，派刘贾帮助彭越进入楚军腹地，焚烧他们的粮草，那样一定能大破楚军。”项羽此时向东攻彭越，留下曹咎把守成皋。当时，汉军多次被困荥阳、成皋，正打算放弃成皋向东进发，驻扎巩、洛之间抵抗楚军，采用郦生的计策，又得以据守成皋。项羽向东进军之初，嘱咐曹咎：“汉军来挑战，千万不要出战，不要让汉军向东就行了。”曹咎没听项羽的话，领军出战身死，刘邦于是进兵成皋。项羽得知曹咎战败，于是回军广武，建一座高坛，把刘邦父亲太公放在上面。刘邦派侯公游说项羽，请求要回太公。于是项羽与刘邦定立盟约：

平分天下，划鸿沟以西归汉王刘邦，以东归楚王项羽。放回汉王的父母及妻子吕氏。

【原文】

项王解而东，汉王欲西，张良曰："今汉有天下大半，而诸侯皆附，楚兵疲食尽，此天亡楚之时，不如因其东而取之。"汉王乃追羽，与齐王韩信、魏相彭越期会①击楚，皆不会。用张良计，信等皆引兵围羽垓下②，遂灭项氏。都洛阳，用娄敬③策，徙都长安。

【注释】

①期会：表期限，约期聚集。

②垓下：今安徽省灵璧县东南。垓，音该。

③娄敬：西汉初齐国卢人，汉高祖重要谋士之一，后因刘邦赐姓，改名刘敬，拜为郎中，号奉春君。

【译文】

楚汉议和，项王罢兵东归，刘邦也想带兵向西，张良说："现在汉王您拥有天下大半的土地，诸侯也都归附，而楚兵疲惫，粮食尽绝，这是上天要灭亡楚国的时候，不如趁楚军东归，攻打它。"刘邦于是追击项羽的军队，与齐王韩信、魏相彭越约定合力攻击楚军的日期，可二人都没有按期会合。后来采用张良的计策，促使韩信等人发兵，把项羽围在垓下，于是灭掉了项羽。定都洛阳。后又采用娄敬的计策，迁都长安。

【原文】

有告楚王韩信反，用陈平计擒之，废为淮阴侯。陈豨①为代相，与朝信、王黄等反，豨自立为代王，上自往破之。尉佗王南越，反，高祖使陆贾赐尉佗印绶，为南越王，令称臣，奉汉约。

【注释】

①陈豨：秦汉之际汉王刘邦部将，汉高祖七年封列侯。豨，音希。

【译文】

有人报告楚王韩信谋反，汉高祖采用陈平的计策擒获韩信，废黜其为淮阴侯。陈豨做代相，与韩信、王黄等人谋反，又自立为代王，高祖亲自带兵出征破击。尉佗在南越称王谋反，高祖派陆贾赏赐给他印绶，封为南越王，命令他向汉朝称臣，服从汉朝的约束。

【原文】

五月[①]戊午，天子侑逊位于别宫，禅位于唐，都长安。己巳，王世充[②]、段达[③]等立越王侗为皇帝于洛阳。六月，宇文化及[④]自江都至彭城，据黎阳[⑤]，称许。李密率大军，壁清淇。敦煌张守一闻密之拒化及也，说越王以讨，越王不用其策，用孟琮计，与密连和。李密无东都之虑，尽锐攻化及，破之。密自败化及，益以骄傲。越王命王世充击密，密不用祖彦君计，密师败绩。遂西奔京师，寻谋叛，杀之。

大唐武德二年，王世充杀越王侗于洛阳，僭称尊号，隋氏灭矣。

【注释】

①五月：此时为隋恭帝（杨侑）义宁二年，也即唐高祖（李渊）武德元年。

②王世充：本姓支，西域胡人。隋朝末年起兵群雄之一。

③段达：隋朝武将。

④宇文化及：人名，复姓宇文。隋末叛军首领。

⑤黎阳：河南省浚（音迅）县的古称。西汉高祖时置县，称

黎阳县，北魏时期改黎阳县为黎阳郡。自古以来为兵家重地。

【译文】

（义宁二年）五月戊午日，杨侑把帝位禅让给唐国公李渊，唐朝正式建立，定都长安。己巳日这天，王世充、段达等人在洛阳立越王杨侗为皇帝。六月，宇文化及从江都进军到彭城，占领黎阳，建号“许”。李密率领大军在清淇这个地方筑垒固守。郭煌张守一听说李密抵抗宇文化及，就劝说越王讨伐李密，越王没有听从他，而采纳了盂琮的计策，和李密联合起来。李密不再害怕王世充部队的袭击，动用全部精锐部队攻打宇文化及并打败了他。李密打败宇文化及之后，更加骄傲。越王派王世充攻打李密。李密因不采纳祖彦君的计策而被打得大败。于是向西逃往长安投奔李渊的部队，不久因背叛李渊被杀。

唐朝武德二年，王世充在洛阳杀死越王杨侗，自立为皇帝。隋朝最终灭亡了。

【原文】

论曰：干宝[①]称：“帝王之兴，必俟天命，苟有代谢，非人事也。尧舜内禅，体文德也；汉魏外禅，顺大名也；汤武革命，应天人也；高光争伐，定功业也。各因其运而得天下，随时之义大矣哉。”

范晔曰：“自古丧大业，绝宗禋[②]，其所以致削弱祸败者，盖渐有由矣。三代以嬖色取祸，赢氏以奢虐致灾，西京自外戚失祚，东都缘阉尹[③]倾国，成败之来，先史商之久矣。

“自秦汉迄于周隋，观其兴亡，虽亦有数，然大抵得之者，皆因得贤豪，为人兴利除害；其失之也，莫不因任用群小，奢汰[④]无度。

“孔子曰：‘以约失之者鲜矣。’又曰：‘远佞人，去僻恶。’有旨哉！”

【注释】

①干宝：东晋文学家、史学家。著述颇丰，尤其是其作志怪小说《搜神记》，在中国小说史上有着极其深远的影响，他因而被称作中国志怪小说的鼻祖。

②宗禋：对祖宗的祭祀。禋，音因。

③阉尹：管领太监的官。

④汰：骄奢，过分。

【译文】

小结：干宝说过：“古代帝王的兴起，一定要等待天命的安排，朝代的更替并非人的力量所能左右。尧舜的时候把帝位传给内定的继承人，是为了体现其讲求道德的政治；汉魏的时候把帝位传给外姓的继承人，是为了顺应时势；商汤、周武王革除夏桀、商纣，是顺应上天和百姓的要求；汉高祖和汉光武帝的讨伐战争，是为了确立自己的功勋和业绩。这些人都是因为自身的气运而获取天下。（所以）根据时势而变化的意义真是太重要了！”

范晔说：“自古以来，凡丧失帝王基业、断绝宗庙祭祀的皇帝，之所以导致衰败灭亡的命运，都是逐步形成的：夏、商和周三代，都是因为宠溺女色而自取其祸；秦朝是因为政治奢靡而暴虐导致灾患；西汉是因为外戚干政而遭到灭亡；东汉是因为宦官专权而覆国。成功和失败的原因，古代的史官已经研究讨论了好长时间了。

“从秦朝到隋朝，考察其兴盛和灭亡的原因，虽然有天命的原因，但那些帝王之所以得天下，大概都是因为得到贤士豪杰的辅助，为人民争取利益免除祸害；而那些丧失帝王位置的人，无不是因为任用大量的奸邪小人管理朝政，再加上自身奢侈无度劳民伤财而造成的。

“孔子说：‘因为约束自己而失掉天下的君王很少啊。’又说：‘远离阿谀逢迎的小人，抛弃自身的邪僻缺点。’这话说得有深意啊！”

卷五　霸纪中

七雄略

【题解】

周、秦、汉、魏之立国，分别采取了分封与郡县这两种制度。周代立国八百年，得益于分封制的重要作用，但也在东迁洛阳后，权力逐渐下移于诸侯而由诸侯霸主征伐，进而演变为战国纷争局面。藉此，秦始皇统一天下，推行郡县制，加强了中央集权。但秦王朝二世而亡，其原因亦为后代统治者重视。于是分封与郡县兼重，试图达到固本强枝的目的。但作者认识到，其实最重要的不是制度的优劣，而是统治者的德行。其间，在战国七雄并争错综复杂的政治、军事、外交斗争中，值得一提的是苏秦的合纵和张仪的连横活动。本篇正是要透过这些历史片段，展现出他们的雄才大略。

【原文】

苏秦初合纵[①]，至燕，说燕文侯曰："燕东有朝鲜、辽东，北有林胡[②]、楼烦[③]，西有云中[④]、九原[⑤]，南有呼沲[⑥]、易水[⑦]，地方二千余里，带甲数十万，车六百乘，骑六千匹，粟支数年。南有碣石[⑧]、雁门[⑨]之饶，北有枣、栗之利。民虽不田作，而足于枣栗矣。此所谓天府者也。夫安乐无事，不见覆军杀将，无过燕者。大王知其所以然乎？夫燕所以不犯寇被甲者，以赵之为蔽其南也。秦、赵相毙[⑩]，而王以全燕制其后，此燕之所以不犯寇也。且夫秦之攻燕也，逾云中、九原，过代[11]、上谷[12]，弥地数千里，虽得燕城，秦计固不能守也，秦之不能害燕亦明矣。今赵之攻燕也，发号出令，不至十日，而数十万之军，军于东垣[13]矣；渡呼沲，涉易水，不至四五日，而距国都矣。故曰，秦之攻燕也，战于千里之外；赵之攻燕也，战于百里之内。夫不忧百里之患，而重千里之外，计无过于此者。是故愿大王与赵纵亲，天下为一，则燕国必无事矣。”

燕文侯许之。

【注释】

①合纵：战国时期，苏秦游说六国诸侯实行纵向联合，一起对抗强秦的政策。

②林胡：古族名。战国时分布在今山西朔州北至内蒙古自治区内。

③楼烦：古族名。春秋末分布于今山西宁武、岢（音苛）岚等地，后活动于今陕北、内蒙古南部一带。

④云中：战国时赵地，秦时置郡，治所在云中县即今内蒙古托克托东北。

⑤九原：古县名，本为赵邑，秦置县，治所在今内蒙古包头市西。

⑥呼沲：亦作滹（音呼）沲，即滹沱河，在河北省西。沲，古同“沱”。

⑦易水：也称易河，位于河北省易县境内，分南易水、中易水、北易水。

⑧碣石：山名，在今河北省昌黎县北。碣，音结。

⑨雁门：又名雁门塞，位于今山西省代县。

⑩毙：败亡。

⑪代：约指山西省代县辖区。

⑫上谷：上谷郡始建于战国燕昭王二十九年（前283），因建在大山谷上边而得名。在今河北省张家口市宣化区。

⑬东垣：秦朝以前为东垣邑，秦统一中国后设东垣县。约今河北省正定市境内。

【译文】

苏秦一开始倡导合纵，就到了燕国。他游说燕文侯说：“燕国东边有朝鲜和辽东，北边有林胡和楼烦，西边有云中和九原，南边有滹沱河和易水，土地方圆两千余里，拥兵几十万，战车有六百多辆，战马有六千匹，粮食可供数年食用。南边有碣石和雁门的丰饶物产，北边有枣和栗子的便利收成，百姓即使不从事农业耕作，也尽可以枣和栗子为生计。这就是所谓的天府之国啊！境内安乐无事，对外不见军败将亡之状，没有比得过燕国的国家了。大王知道这是为什么吗？燕国之所以不遭受战争的洗劫，是因为在南方有赵国作屏障。秦、赵征战致使双双败亡，而大王却以整个燕国在后方得以保存实力，这就是燕国不遭受侵犯的原因。况且秦国如果攻打燕国，必须经云中和九原，过代和上谷，蜿蜒数千里，即使得到燕国的城邑，秦国也难以守住。秦国无法损害燕国的事是显而易见的！现在若是赵国进攻燕国，只要发出号令，不出十天，数十万大军就可以进驻东垣。再渡过滹沱河，涉过易水，不到四五天就可围攻国都了。所以说，秦国攻打燕国，要在千里之外开战；赵国进攻燕国，在百里之内就可开战。不担心百里之内的祸患，却重视千里之外的邦交，没有比这更错误的计谋了。因此希望大王与赵国合纵，与天下诸侯联为一体，那么燕国就不会有祸患了。”

燕文侯于是答应合纵抗秦。

【原文】

苏秦如赵，说赵肃侯曰："臣窃为君计，莫若安民无事，且无庸有事民为也。安民之本，在于择交。择交而得则民安，择交而不得，则民终身不安。请言外患。齐、秦为两敌，而民不得安；倚秦攻齐，而民不得安；倚齐攻秦，而民不得安。君诚能听臣，燕必致毡裘狗马之地，齐必致鱼盐之海，楚必致橘柚之园，韩、魏、中山皆可使致汤沐①之奉，而贵戚，父兄皆可受封侯。夫割地包利，五伯之所以覆军擒将而求也；封侯贵戚，汤、武所以放弑而争也。今君高拱而两有之，此臣之所为君愿也。

"夫秦下轵道②，则南阳③危；劫韩包周，则赵自操兵；据卫取淇④、卷⑤，则齐必入朝秦。秦欲已得乎山东，则必举兵而向赵矣。秦甲渡河逾漳⑥，据番吾⑦，则兵必战于邯郸之下矣。此臣之所以为君危也。当今之时，山东之建国，莫强于赵。赵地方二千余里，带甲数十万，车千乘，骑万匹，粟支数年。西有常山⑧，南有河、漳，东有清河，北有燕。燕固弱国，不足畏也。秦之所害于天下莫如赵。然而秦不敢举兵而伐赵者，何也？畏韩、魏之议其后也。然则韩、魏，赵之南蔽也。秦之攻韩、魏也，无名山大川之险，稍稍蚕食之，傅⑨国都而止。韩、魏不能支秦，必入臣于秦。秦无韩、魏之规，则祸必中于赵矣。此臣之所为君患也。

"臣闻尧无三夫之分，舜无咫尺之地，以有天下；禹无百人之聚，以王诸侯；汤武之士，不过三千，车不过三百乘，卒不过三万，立为天子，诚得其道也。是故明主外料其敌之强弱，内度其士卒贤不肖，不待两军相当，而胜败存亡之机，固已形于胸中矣。岂掩于众人之言，而以冥冥决事哉？臣窃以天下之地图按之，诸侯之地，五倍于秦；料度诸侯之卒，十倍于秦。六国并力，西向而攻秦，秦必破矣。今西面而事之，见臣于秦，夫破人之与见破于人，臣人之与见臣于人也，岂可同日而论哉？夫衡人[10]者，皆欲割诸侯之地以与秦。秦成，则高台榭，美宫室，听笙竽之音，国被秦患而不与其忧。是故衡人日夜务以秦权恐吓诸侯，以求割地，愿大王孰计之。

“臣闻明主绝疑去谗，屏流言之迹，塞朋党之门。故尊主强兵之臣，得陈忠于前矣。故窃为大王计，莫若一韩、魏、齐、楚、燕、赵、纵亲以叛秦。合天下之将相，会于洹水[11]之上，通质，刑白马而盟[12]。约曰：秦攻楚，齐、魏各出锐师以佐之，韩绝其粮道，赵涉河、漳，燕守常山之北；秦攻韩、魏，则楚绝其后，齐出锐师以佐之，赵涉河、漳，燕守云中；秦攻齐，则楚绝其后，韩守成皋，魏塞其粮道，赵涉河、漳、博关[13]，燕出锐师以佐之；秦攻燕，则赵守常山，楚军武关，齐涉渤海，韩、魏皆出锐师以佐之；秦攻赵，则韩军宜阳，楚军武关，魏军河外，齐涉清河，燕出锐师以佐之；诸侯有不如约者，以五国之兵共伐之。六国从[14]亲以宾秦，则秦甲必不敢出于函谷以害山东矣。如此则霸王之业成矣。”

赵王曰：“善。”

【注释】

①汤沐：即汤沐邑。诸侯朝见天子，天子赐以王畿以内的、供住宿和斋戒沐浴的封邑，后指国君、皇后、公主等受封者收取赋税的私邑。

②轵道：古道路名。位于今河南济源县境，为豫北平原进入山西高原的通道，自古为兵家必争之地。

③南阳：古地名，春秋晋地，大约即今河南省新乡市境内。

④淇：淇水，在今河南北部。古为黄河支流。

⑤卷：音圈，阴平。古邑名，战国魏地，在今河南原阳县原武镇西北。

⑥漳：漳河，古名漳水，在我国有南北两条。北方一条为卫河支流，源出山西，流经河北、河南之间。有清漳河与浊漳河两源，两源在河北西南合漳村汇合后称漳河。

⑦番吾：商始祖发祥地。后为战国赵地，今河北磁县境。番，音婆。

⑧常山：即今北岳恒山，避汉文帝刘恒讳改。

⑨傅：靠近，迫近。

⑩衡人：倡导连横之说的人。

⑪洹水：又名安阳河，在河南省北部。源出林州市，流经安阳市至内黄县，入卫河。洹，音环。

⑫刑白马而盟：古代结盟要杀马歃血，立誓为信，称“刑马”。

⑬博关：即博陵，战国时期齐国西部城邑，位于齐、赵边境，约今山东茌平博陵镇。

⑭从：通“纵”。

【译文】

苏秦到了赵国，游说赵王说：“我私下为大王着想，最好让百姓安定闲适，不要多生战事烦扰他们。而使百姓得以安居乐业的根本，在于选择友好的外交政策。选择的外交政策得当，百姓就能得到安定；选择的外交政策不当，百姓就永远无法安定。请允许我谈谈赵国的外患。齐国和秦国是赵国的两大敌人，进而导致百姓不得安宁。如果依靠秦国进攻齐国，百姓就得不到安宁；依靠齐国进攻秦国，百姓也得不到安宁。大王如能真正听从我的话，那么燕国一定会进献出产毛毡、裘皮，良狗、好马的土地，齐国一定会献上产鱼、盐的海洋，楚国一定会献上盛长橘柚的园林，韩、魏、中山等国都会把国内的汤沐邑进献给您，这样大王的宗族亲戚都可以得到封侯。从别国割取土地，得到财物，这是春秋五霸不惜损兵折将去追求的东西；给宗族亲戚封侯，商汤、周武王经过争战和拼杀才能争取得到。如今大王唾手可得这两个好处，这是我替大王所想的事情。

“如果秦军沿轵道而下，南阳就会处于险境；再攻掠韩国、包围周王室，赵国自身也随之会被削弱；秦国再占据卫国，夺取淇、卷之地，齐国就一定会臣服秦国。秦国的欲望如果已经得逞于山东六国，必然会发兵攻打赵国。秦兵渡过黄河，跨过漳水，占据番吾，就可以打到赵国的邯郸城下了。这正是我替大王担忧的。如今，山东诸国没有比赵国更强大的。赵国土地方圆两千余里，拥兵数十万，战车千辆，战马万匹，粮食可供数年用度。西有常山，南有黄河、漳河，东有清河，北有燕国。燕国本来就是弱国，不足为虑。而在各诸侯国中，秦国最怕的就是赵国，然而，为什么秦国不敢发兵攻打赵国呢？是因为惧怕韩国、魏国从后面抄它的后路。因此，韩、魏两国是赵国南面的屏障，而秦国如果要进攻韩、魏，韩、魏没有名山大川可做屏障，只要一点点吞食，就能逼近韩、魏两国的国都。如果韩、魏无力对付秦国，就必然臣服秦国。这样，秦国扫除了韩、魏这两个障碍，祸患就会直接落到赵国头上。这正是我为大王忧虑的。

“我听说尧最初没有一点儿权势，舜没有尺寸之地，而后来都拥有了天下。禹最初聚集的人群不到百人，而后来成为了诸侯之王。商汤、周武王的随从不足三千，战车不足三百辆，士兵不足三万，而后来都成为了天子。这实在是因为他们都实施了正确的谋略。所以圣明的君主，对外要能判断敌国的强弱，对内要能知晓部下的贤愚，不用等到两军对阵，就对胜败、存亡的可能性了然于胸。岂能被众人的闲言碎语所蒙蔽，而稀里糊涂地决策呢！我曾私下按照天下各国的版图加以考察，发现诸侯的土地，相当于秦国的五倍；诸侯的兵力，是秦国的十倍。如果六国集中力量，一致向西进攻秦国，秦国必定被攻破。可如今各国却甘愿面西侍秦，对秦臣服。击败别人与被人击败，征服别人与被人征服，岂可同日而语？那些主张连横的人，都想割让诸侯的土地来与秦国讲和。与秦国讲和了，他们就可以建立高大的楼台阁榭，居住豪华的宫室，耳听笙竽之音，一旦秦国来攻打，他们都不能与君主分忧。因此，主张连横的人整天拿秦国的权势恐吓诸侯，以求分割土地，希望大王对此深思熟虑。

“我听说圣明的君主遇事不疑惑，不听信谗言，抵制流言蜚语，堵塞结党营私，所以那些主张富国强兵的贤能之臣才能争相尽忠于君王。我为大王着想，觉得不如联合韩、魏、齐、楚、燕、赵六国的力量，对抗秦国。召集各诸侯国的将相到洹水会盟，互相交换人质，杀白马，共订盟约。约定：如果秦国攻打楚国，齐国、魏国就各派精兵援助楚国，韩国断绝秦兵粮道，赵国渡过黄河、漳水牵制秦军，燕国把守常山之北；如果秦国攻打韩、魏两国，那么楚国就断绝秦军的后路，齐国派精兵进行援助，赵军渡过黄河、漳水进行牵制，燕国把守云中；如果秦国攻打齐国，那么楚国就断绝秦的后路，韩国防守成皋，魏国堵住秦军的粮道，赵军渡过黄河、漳水，指向博关，燕国派精兵进行援助；如果秦国进攻燕国，赵国就防守常山，楚国驻兵武关，齐军渡过渤海，韩国、魏国均派出精兵进行支援；如果秦国进攻赵国，那么韩国就驻军宜阳，楚国驻军武关，魏国驻军河外，齐军渡过清河，燕国派出精兵进行支援。诸侯中有不遵守盟约的，其余五国就共同讨伐它。六国实行合纵联盟对抗秦国，秦国就必然不敢出兵函谷关侵害山东六国了。这样，大王的霸业就成功了。”

赵王说：“好！”

【原文】

张仪为秦连衡[①]，说魏王曰：“魏地方不至千里，卒不过三十万，地四平，诸侯四通，条达[②]辐凑[③]，无名山大川之阻。从郑至梁[④]，二百余里，车驰人走，不待倦而至梁。南与楚境，西与韩境，北与赵境，东与齐境，卒戍西方，守亭障[⑤]者不下十万。梁之地势，固战场也。梁南与楚，不与齐，齐攻其东；东与齐，不与赵，赵攻其北；不合于韩，则韩攻其西；不亲于楚，则楚攻其南。此所谓四分五裂之道也。且诸侯之为纵者，将以安社稷、尊主、强兵、显名也。今为纵者，一天下约为昆弟[⑥]，刑白马以盟洹水之上，以相坚[⑦]也。而亲昆弟，同父母，尚有争钱财，而欲恃诈伪反覆苏秦之谋，其不可成亦已明矣。

“大王不事秦，秦下兵攻河外，据卷、衍、酸枣[⑧]，劫卫取晋阳，则赵不南；赵不南则梁不北；梁不北，则纵道绝；纵道绝，则大王之国欲无危，不可得也。秦折韩而攻梁，韩怯于秦，秦韩为一，梁之亡，立可须也。此臣之所为大王患也。为大王计，莫如事秦。事秦，则楚、韩必不敢动；无楚、韩之患，则大王高枕而卧，国必无忧矣。

“大王不听臣，秦下甲士而东伐，虽欲事秦，不可得也。且夫纵人多奋辞而少可信。说一诸侯而成封侯之业，是故天下之游谈士，莫不日夜扼腕瞪目切齿，以言纵之便，以说人主。人主贤其辩而牵其说，岂得无眩哉？臣闻之，积羽沉舟，群轻折轴，众口铄金。故愿大王审计定议。”

魏王于是倍纵约，而请成于秦。

【注释】

①连衡：即连横。

②条达：通达，畅达。

③辐凑：也作辐辏。车辐凑集于毂上，形容人或物聚集在一处。

④梁：即魏国。战国时魏惠王迁都大梁，魏国也称梁国。

⑤亭障：亦作“亭鄣”。古代边塞要地设置的堡垒。

⑥昆弟：即兄和弟，比喻亲密友好。

⑦相坚：谓使彼此守信不渝。

⑧酸枣：古地名，今河南省延津县北。

【译文】

后来张仪为秦国组织连横，游说魏王说：“魏国的土地纵横不过千里，士兵不过三十万人。土地平旷，四方诸侯都能通过，犹如车轮辐条都集聚在车轴上一样，也没有高山深川的阻隔。从郑国到魏国，只有两百余里，人奔马跑，不等到疲倦就已到达。魏国南与楚、西与韩、北与赵、东与齐接壤，这样魏国士兵只好把守四方，守卫边塞堡垒的兵力就得不下十万人。魏国的地势，本来就是兵家必争之地。如果魏国向南结交楚国而不结交齐国，齐国就要攻打魏国的东面；如果结交齐国而不结交赵国，赵国就要攻打魏国的北面；不和韩国联合，那么韩国就会攻打魏国的西面；不和楚国亲善，那么楚国就会攻打魏国的南面。这就是所谓四分五裂的地方啊。再说诸侯主张合纵，说是为了安定国家、尊崇君主、兵盛势强、扬名天下。现在合纵之人，统一天下诸侯的行动，相约结为兄弟之邦，在洹水上杀白马立盟誓，是为了使彼此守信不渝。可是即使是同父母的亲兄弟，还要争夺钱财，何况这些诸侯？而您却想依靠狡诈虚伪、反复无常的苏秦之计谋来保全国家，很明显这是不可能成功的。

“如果大王不侍奉秦国，秦国就会发兵进攻河外，占领卷、衍、酸枣等地，控制卫国，夺取晋阳，这样赵国就不能南下；赵国不能南下，魏国就不能北上；魏国不能北上，合纵的道路就断了；合纵道路一断，那大王想不遇危险是不可能的。秦国若是胁迫韩国去进攻魏国，韩国迫于秦国的压力，不敢不听。秦、韩联合为一体，魏国就会马上灭亡，这是我为大王忧虑的原因。为大王盘算，不如侍奉秦国，只要侍奉秦国，那么楚、韩一定不敢妄动；没有楚韩的侵扰，大王就可以高枕无忧，国家也必定没有忧患了。

“如果大王不听从侍秦的意见，秦兵出动向东进攻，那时即使想去侍奉秦国，也不可能了。况且那些主张合纵的人多是夸大其词而少有可以信任的，说服一个诸侯反对秦国，就能成为他封侯的基础。所以天下的游说之士，没有不是每天都挥动手腕、瞪大眼睛、咬牙切齿地高谈合纵的好处，去劝说各国君主。君主如果被他们的花言巧语所打动，怎么能不被搞得晕头转向呢？我听说，羽毛虽轻，堆积多了可压沉船只；再轻的东西，装得过多也可压断车轴；众口一词，可以熔化金属。因此希望大王仔细考虑这件事。”

魏王于是违弃了六国的合纵盟约，而向秦求和。

【原文】

于是楚人李斯[①]、梁人尉缭[②]，说于秦王曰："秦自孝公已来，周室卑微，诸侯相兼，关东为六国，秦之乘胜侵诸侯，盖六代矣。今诸侯服秦，譬若郡县。其君臣俱恐，若或合纵而出不意。此乃智伯、夫差、湣王所以亡也。愿王无爱财，赂其豪臣，以乱其谋，秦不过亡三十万金，则诸侯可尽。"秦王从其计，阴遣谋士赍[③]金玉以游诸侯。诸侯名士，可与财者，厚遗给之；不肯者，利剑刺之。离其君臣之计，乃使良将随其后，遂并诸侯。

【注释】

①李斯：战国末期楚国上蔡（今河南上蔡）人，秦代著名的政治家、文学家和书法家。

②尉缭：姓失传，名缭。大约活动于魏国由安邑迁都于大梁的历史时期，著名的军事家。秦王政十年（前237）入秦游说，被任为国尉，因称尉缭。

③赍：音机，把东西送给别人。

【译文】

（张仪瓦解了六国的合纵联盟，各国相继与秦国建立了连横关系，）于是楚国人李斯、魏国人尉缭，劝秦王说："自从秦孝公以来，周王室日渐衰微，诸侯相互兼并，函谷关以东地区分化为六国，秦国乘胜侵略诸侯各国，已经六代了。现在诸侯臣服于秦，如同郡县听从中央一样。各诸侯的君臣都非常害怕秦国，假如一旦有人提出合纵对抗秦国，出其不意，那我们就会像智伯、夫差、湣王那样失败。希望大王您不要吝惜金钱，拿出金银财宝去贿赂各国的权豪势要，扰乱他们的国家政谋。秦国不过是花费区区三十万两黄金，可换来的将是六国灭亡，一统天下的局面。”秦王听从了他们的计策，暗中派遣谋士携带大量的金银财宝到各诸侯国活动。各诸侯国的知名人物，接收财物的，就重金交结；不肯接受的，就派人暗杀。先使六国君臣离心，然后派良将率大兵征伐，于是就能兼并诸侯，统一天下了。

卷六　霸纪下

三国权

【题解】

东汉末年，天下大乱，群雄逐鹿。后来曹操统一北方，刘备占据西蜀，孙权割据东吴，逐渐形成了三国鼎立的局面。本篇主要记述魏、蜀、吴三国的历史，总结其中兴亡的经验与教训。作者另指出，历史上分裂割据局面的形成，往往是地方势力依靠其有利条件发展的结果，作为最高统治者，对此应保持高度警惕。

【原文】

论曰：臣闻昔汉氏不纲，网漏凶狡。袁本初[①]虎视河朔[②]，刘景升[③]鹊起荆州，马超[④]、韩遂[⑤]雄据于关西[⑥]，吕布、陈宫窃命于东夏[⑦]。辽河海岱[⑧]，王公十数，皆阻兵百万，铁骑千群，合纵缔交，为一时之杰也。然曹操挟天子令诸侯，六七年间，夷灭者十八九，唯吴、蜀蕞尔[⑨]国也。以地图按之，才四州之土，不如中原之大都。人怯于公战，勇于私斗，轻走易北，不敌诸华之士。角长量大，比才称力，不若二袁[⑩]、刘、吕之盛。此二雄以新造未集之国，资逆上不侔[⑪]之势，然能抚剑顾眄[⑫]，与曹氏争衡，跃马指麾，而利尽南海，何哉？则地利不同，势使之然耳。

故《易》曰："王侯设险，以守其国。"古语曰："一里之厚，而动千里之权者，地利也。"故曹丕临江，见波涛汹涌，叹曰：“此天所以限南北也。”刘资称南郑为“天狱”，斜谷道为五百里石穴，稽诸前志，皆畏其深阻矣。虽云天道顺，地利不如人和，若使中材守之，而延斯挺命可也。岂区区艾、濬[13]得奋其长策乎？由是观之，在此不在彼。於戏[14]，智者之虑，必杂于利害，故“不尽知用兵之害，则不能知用兵之利”，有自来矣。是以采摭其要，而为此权耶。夫囊括五湖，席卷全蜀，庶知害中之利，以明魏家之略焉。

【注释】

①袁本初：即袁绍。

②河朔：古代泛指黄河以北的地区。

③刘景升：即刘表，汉朝皇室远支，汉末据有荆州。

④马超：东汉末年及蜀汉开国名将。

⑤韩遂：东汉末年军阀、将领，汉末群雄之一。原名韩约，后改名遂。

⑥关西：汉唐时泛指函谷关（或潼关）以西地区。

⑦东夏：泛指中国东部。

⑧海岱：今山东省渤海至泰山之间的地带。

⑨蕞尔：形容小，多指地区小。蕞，音最。

⑩二袁：指袁绍与袁术兄弟。

⑪不侔：不相等。侔：音谋。

⑫顾眄：环视。眄，音勉。

⑬艾、濬：指邓艾、王濬。邓艾：三国时期魏国名将。王濬：西晋时期名将。濬，同“浚”。

⑭於戏：同“呜呼”，感叹词。

【译文】

评论：据说东汉末年朝纲失统，群雄逐鹿。袁绍起初对河北虎视眈眈，刘表在荆州起兵，马超、韩遂雄据关西，吕布、陈宫占领东夏，辽河流域、渤海至泰山一带，十几路诸侯，都屯兵百万，战马成群，缔结盟约，成为一时的英雄豪杰。然而，曹操“挟天子令诸侯”，用了六七年的时间，各路诸侯十有八九被消灭，只剩下吴和蜀两个小国了，从地图上看，这两国只有四个州的地盘，比不上中原的一个大都。那里的人为国打仗无勇，只会私下斗狠，在战斗中动辄败退逃跑，不足以和中原人相匹敌；在才智和力量上他们（指孙权、刘备）都不如袁绍、刘表、吕布强盛。但这两位英雄凭着刚刚建立的弱小国家，在不均等的非利己形势下，却能够拒守西蜀和江南，与曹操抗衡，跃马扬鞭，占尽南方地利，这是为什么呢？这就是地利不同，形势所致罢了。

所以《周易》说：“王侯凭天险来固守国家。”古语说：“一里方圆的地方，却动用了夺取千里之地的权谋，这就是地利在起作用。”所以曹丕面对长江，看到汹涌的波涛，感叹说：“这是上天设置的南北界线啊！”刘资把南郑称为“天狱”，把斜谷的道路称为“五百里石穴”。查阅众多以前的史志资料，都记载了这些地方的险阻幽深。虽然说顺应天时，地利不如人和重要。但假如吴、蜀有一个中等才能的人统治，就完全可以避免过早灭亡的命运，怎么能让小小的邓艾、王濬攻占，建立赫赫大功呢？由此看来，胜负的关键在于人和，不在地利。唉！有智之士的谋划，一定会全面权衡利害关系。所以说：“不完全懂得用兵的险恶，就不能真正懂得用兵的好处”，自古以来就是如此！因此，我选取了三国权谋的精要，而做了这些分析。目的是使后人从统一中原、覆灭蜀国的事件当中明白用兵的利害关系，从而懂得曹魏的谋略。

卷七　权议

惧戒

【题解】

惧戒，就是心存敬畏，保持警戒。本篇总结历史经验，认为天下不是某一个人的，而是天下人共同的天下，统治者应该居安思危，谨慎小心，否则就可能会国破身亡，被他人所取代。篇中列举历史上的许多相关事例来说明这一道理，并特别指出君王心中常思警戒，实际是为自己谋取福祉。

【原文】

《易》曰："汤、武革命，顺乎天而应乎人。"《书》曰："抚我则后，虐我则仇。"《尸子》曰："昔周公反[①]政，孔子非之曰：'周公其不圣乎！以天下让，不为兆人[②]也。'"董子曰："虽有继体守文之君，不害圣人之受命。"古语曰："穷鼠啮狸，匹夫奔万乘[③]。"故黄石公曰："君不可以无德，无德则臣叛。"孙卿曰："能除患则为福，不能则为贼。"

【注释】

①反：通"返"。

②兆人：即兆民。古称天子之民，后泛指众民、百姓。

③万乘：周制，天子地方千里，能出兵车万乘，因以"万乘"指天子。

【译文】

《周易》说："商汤和周武王的革命，既顺合天意又适应人们的要求。"《尚书》说："安抚关爱我的，我就把他当作君王，残害虐待我的，我就把他看作仇敌。"《尸子》说："从前周公归还统治权给周成王，孔子责备他说：周公还没有达到圣贤的标准呀！把统治天下的权利让给成王，不为民众着想。"董仲舒说："即使有继位遵守成法的君主，也不妨碍圣人接受使命（而取代他）。"古语说："老鼠逼急了会咬猫，普通百姓走投无路时就会造反。"所以黄石公说："君主不可以没有德行，没有德行的君主，臣子就会背叛他。"荀子说："能免除祸患就是福气，不能免除祸患就会受到伤害。"

【原文】

楚恭王[①]薨，子灵王即位。群公子因群丧职之族，杀灵王而立子干。立未定，弟弃疾又杀子干而自立。初，子干之入也，韩宣子[②]问于叔向[③]曰："子干其济乎？"对曰："难。"宣子曰："同恶相求，如市贾焉，何难？"对曰："无与同好，谁与同恶？取国有五难：有宠而无人，一也；有人而无主，二也；有主而无谋，三也；有谋而无民，四也；有民而无德，五也。子干在晋十三年矣，晋、楚之从，不闻达者，可谓无人；族尽亲叛，可谓无主；无衅[④]而动，可谓无谋；为羁终世，可谓无人；亡无爱征，可谓无德。王虐而不忌，楚君子干，涉五难以杀旧君，谁能济之？有楚国者，其弃疾乎？君陈[⑤]、蔡[⑥]，城[⑦]外属焉。苛慝[⑧]不作，盗贼伏隐，私欲不违，民无怨心，先神命之，国人信之。芈[⑨]姓有乱，必季实立，楚之常也。获神一也，有民二也，命德三也，宠贵四也，居常五也。有五利以去五难，谁能害之？子干之官，则右尹也；数其贵宠，则庶子也；以神所命，则又远之。其贵亡矣，其宠弃矣，民无怀焉，国无与焉，将何以立？”宣子曰：“齐桓、晋文，不亦是乎？”对曰：“齐桓，卫姬之子也，有宠于僖，有鲍叔牙、宾须无、隰朋以为辅佐，有莒、卫以为外主，有国、高⑩以为内主。从善如流，下善齐肃，不藏贿，不从欲，施舍不倦，求善不厌，以是有国，不亦宜乎？我先君文公，狐季姬之子也，有宠于献公。好学不贰，生十七年，有士五人。有先大夫子余、子犯以为腹心，有魏犨⑪、贾佗以为股肱，有齐、宋、秦、楚以为外主，有栾、郤、狐、先⑫以为内主。亡十九年，守志弥笃。惠、怀⑬弃民，从而与之，献无异亲，民无异望，天方相晋，将何以代之？此二君者，异于子干。恭有宠子，国有奥主，子干无施于民，无援于外。去晋，晋不送；归楚，楚不逆，何以冀国？”子干果不终卒。立弃疾，如叔向言。

【注释】

①楚恭王：芈姓，熊氏，名审，楚庄王之子，春秋时期楚国国君。灵王、子干、弃疾都是其子。

②韩宣子：即韩起，春秋时期晋国卿大夫，六卿之一，政治生命超长的政治家。

③叔向：即羊舌肸（音西），复姓羊舌，名肸。春秋时期晋国政治家。历事晋悼公、晋平公、晋昭公三世。历太子彪（后为晋平公）傅、大夫、正卿，执掌晋国国政近五十年，与郑国的子产、齐国的晏婴齐名。

④衅：嫌隙、裂缝；罪过。

⑤陈：中国周代诸侯国名，在今河南省淮阳县一带。

⑥蔡：中国周代诸侯国名，在今河南省上蔡县、新蔡县一带。

⑦城：即指方城，位于河南省西南部。

⑧苛慝：暴虐邪恶。慝，音特。

⑨芈：姓。楚为芈姓。

⑩国、高：指国子和高子，都是齐国的上卿。

⑪魏犨：魏武子。春秋时期晋国大夫，以勇力闻世。犨，音抽。

⑫栾、郄、狐、先：指晋国的四位大臣栾枝、郤縠（音细胡）、狐突、先轸（音枕）。

⑬惠、怀：指楚惠王和晋怀王。

【译文】

楚恭王去世，次子灵王继位，恭王其他的儿子凭借着那些丧失职位的人的亲族，杀害了灵王，又立恭王三子子干为国君。子干王位还没坐稳，弟弟弃疾又杀了他并且自立为国君。起初，子干回国，韩宣子问叔向："子干能成功吗？"叔向回答说："很难。"韩宣子说："人们有共同的憎恶就会有相互的需求，好像商人一样，有什么难的？"叔向回答说："人没有共同的喜好，又怎么会有共同的憎恶？得到国家有五难：有了尊贵的身份而没有贤人辅佐，这是一；有了贤人辅佐而没有一人主事，这是二；有了人主事而没有谋略，这是三；有了谋略而没有百姓支持，这是四；有了百姓支持可是没有德行，这是五。子干在晋国十三年了。晋国、楚国跟从他的人，没有谁是知名之士，可以说没有贤人；族人被消灭，亲人背叛，可以说没有主内之人；没有事端而轻举妄动，可以说没有谋略；一辈子在外边流亡，可以说没有百姓；流亡在外却没有人怀念他，可以说没有德行。楚王暴虐无忌，楚国如果以子干为国君，关系到这五条难处而又杀死原来的国君，谁能帮助他成功？拥有楚国的，恐怕是弃疾吧？他统治着陈、蔡两地，方城以外也归属于他。这些地方没有发生邪恶事端，没有盗贼横行，纵有私欲而不违背礼义，因此百姓没有怨恨之心。神灵保佑他，国内百姓相信他。芈姓发生动乱，必然就是小儿子被立为国君，这是楚国的常例。得到神灵的保佑，这是一；有百姓的支持，这是二；有美好德行，这是三；受宠而显贵，这是四；年纪最小合于常例，这是五。弃疾有这五个有利条件，来除掉有五项难处的子干，谁能够妨碍他？子干的官职，不过是右尹；他的出身，不过是庶子；论起神灵任命，他又离得很远。他的显贵丧失了，他的宠信丢掉了，百姓没有怀念他的，国内没有亲附他的，将要凭什么立为国君？”韩宣子说：“齐桓公、晋文公不也是这样吗？”叔向回答说：“齐桓公，是卫姬的儿子，受到父亲齐僖公的宠爱，有鲍叔牙、宾须无、隰朋辅佐；有莒国、卫国作为外援，有国氏、高氏作为内应；加之他能够从善如流，不贪图财货，不放纵私欲，施舍不知疲倦，求善没有满足。由于这样而享有国家，不是很应该吗？我们的先君晋文公，是狐季姬的儿子，受到父亲晋献公的宠爱，喜欢学习，专心致志，十七岁时，就得到了五位贤士。有先大夫子余、子犯作为心腹，有魏犨、贾佗作为臂膀，有齐国、宋国、秦国、楚国作为外援，有栾氏、郤氏、狐氏、先氏作为内应，逃亡在外十九年，坚守自己的意志更加专一。晋惠公、晋怀公抛弃百姓，百姓成群集队追随文公。献公没有别的儿子，百姓没有别的期望。上天正在保佑晋国，将会用谁来代替晋文公？这两个国君，和子干不一样。恭王还有受宠的儿子，国内还有高深莫测的弃疾。子干对百姓没有施与，在外边没有援助，离开晋国没有人送行，回到楚国没有人迎接，凭什么希冀享有楚国？”子干果然没有善终而死。百姓最后拥立弃疾为国君，正如叔向所说的一样。

【原文】

鲁昭公薨于乾侯[①]。赵简子[②]问于史墨[③]曰：“季氏出其君而民服焉，诸侯与之，君死于外而莫之或罪，何也？”对曰：“物生有两、有三、有五、有陪贰[④]。故天有三辰[⑤]，地有五行，体有左右，各有妃耦[⑥]。王有公，诸侯有卿，皆其贰也。天生季氏，以贰鲁侯，为日久矣。民之服焉，不亦宜乎？鲁君世纵其失，季氏世修其勤，民忘君矣。虽死于外，其谁矜之！社稷无常奉，君臣无常位，自古以然。故《诗》曰：‘高岸为谷，深谷为陵。’三后[⑦]之姓，于今为庶，主所知也。在《易》卦，雷乘乾曰大壮，天之道也。政在季氏，于此君也，四公矣。民不知君，何以得国？是以为君，慎器与名，不可以假人。”

【注释】

①乾侯：春秋时晋国城邑，今直隶成安县东南。

②赵简子：即赵鞅，春秋后期晋国的卿大夫。

③史墨：春秋时晋国史官。

④陪贰：副手，助手。

⑤三辰：日、月、星。

⑥妃耦：配偶。妃，通“配”。耦，音偶。

⑦三后：三个君主或诸侯。古代天子、诸侯皆称后。一般指商汤、夏禹、周文王。

【译文】

鲁昭公死在晋国的乾侯。赵简子问史墨说：“季氏赶走他的国君，而百姓顺服，诸侯亲附他。让国君死在外边而没有人去惩罚他，这是为什么？”史墨回答说：“事情的存在有的成双、有的成三、有的成五、有的有辅助。所以天有三辰，地有五行，身体有左右，人各有配偶，王有公，诸侯有卿，都是有辅助的。天生了季氏，让他辅助鲁侯，时间已经很久了。百姓顺服他，不也是很应该吗？鲁国的国君世世代代放纵安逸，季氏世世代代勤勤恳恳，百姓已经忘记他们的国君了。因此即使鲁昭公死在国外，有谁可怜他？社稷没有固定不变的祭祀者，君臣没有固定不变的地位，自古以来就是这样。所以《诗经》说：‘高高的堤岸变成河谷，深深的河谷变成山陵。’三王的子孙在今天成了平民，这是君主所知道的。在《易》的卦象上，代表雷的震卦在乾卦之上，叫作大壮，这是上天的常道。鲁国政权到了季氏那里，到鲁昭公已经是第四代了。百姓不知道谁是国君，怎么能得到国政？因此做国君的要谨慎地对待器用和名号，不能随便送给别人。

【原文】

后秦①王符生杀害忠良，秦人度于一时，如过百日。权翼②乃说东海王坚③曰：“今主上昏虐，天下离心。有德者昌，无德受殃，天之道也。一旦有风尘之变，非君王而谁？神器④业重，不可令他人取之。愿君王行汤、武之事，以从民心。”坚然之，引为谋主。遂废生，立坚为秦王。

【注释】

①后秦：当为前秦之误。

②权翼：苻坚的幕僚。

③东海王坚：即苻坚。

④神器：帝王的印玺等。借指皇位、政权。

【译文】

前秦的秦厉王苻生残害杀戮忠良，国人过一个时辰都像过一百天那样漫长难捱。权翼于是劝说东海王苻坚说：“当今皇上昏庸暴虐，已经失去了民心。有德行的人兴盛发达，没有才德的人遭受灾殃，这是天道之必然啊。一旦天下的局势发生重大的变化，如果不是君王您，还能是谁有德行呢？帝位社稷关系重大，千万不能让别人获取，希望君王您效仿商汤伐桀、武王伐纣那样的举动来顺从民意。”苻坚赞同权翼的想法，就让权翼做自己的主要参谋，最终废弃苻生，自立为秦王。

【原文】

周大将军郭荣[①]奉使诣隋高祖，高祖谓荣曰：“吾雅尚[②]山水，不好缨绂[③]。过藉时来，遂叨[④]名位。愿以侯归第，以保余年，何如？”荣对曰：“今主上无道，人怀危惧。天命不常，能者代有。明公德高西伯[⑤]，望极国华，方据六合以慰黎庶，反效童儿女子，投坑落阱之言耶？”高祖大惊曰：“勿妄言，族矣。”及高祖作相，笑谓荣曰：“前言果中。”后竟代周室。

【注释】

①郭荣：隋代人，初仕北周，隋时官至左光禄大夫。

②雅尚：极崇尚。

③缨绂：冠带与印绶，亦借指官位。绂，音夫。

④叨：忝，表示承受的意思。

⑤西伯：即周文王。

【译文】

北周的大将军郭荣奉命来到隋高祖杨坚那里，杨坚对郭荣说：“我平素崇尚山水自然，不喜欢做官，过去凭着时运好，忝居高位，徒有虚名。我希望在适当的时候退隐回家，安度晚年，你觉得怎么样啊？”郭荣回答说：“当今皇上昏庸无道，搞得人人自危。天命并不是恒定的，贤能之人取而代之。明公您的德行比周文王还要高，您的声望超过了国中的精英，应当占有天下来抚慰黎民百姓，可是您却效仿儿童、妇人说出投坑落阱、自绝前程的话！”杨坚非常惊惧，急忙说：“不要乱讲！否则要灭族的。”等到杨坚当了宰相的时候，他笑着对郭荣说：“从前你的话果然应验了。”到了后来，杨坚最终代替了北周建立隋朝。

【原文】

隋炀帝[①]初猜忌唐高祖，知之，常怀危惧。为太原留守，以讨击不利，恐为炀帝所谴，甚忧之。时太宗从在军中，知隋将亡，潜图义举，以安天下。及进曰：“大人何忧之甚也？当今主上无道，百姓愁怨，城门之外，皆已为贼。独守小节，必且旦暮死亡。若起义兵，实当人欲。且晋阳，用武之地，足食足兵，大人居之，此乃天授。正可因机转祸，以就功业。既天与不取，忧之何益？”高祖大惊，深拒之。太宗趋而出。

明日，复进说曰：“此为万全之策，以救灭族之事。今王纲弛紊，盗贼遍天下。大人受命讨捕，其可尽乎？贼既不尽，自当获罪。且又世传李氏姓膺[②]图秉箓[③]。李金才位望隆贵，一朝族灭。大人既能平贼，即又功当不赏，以此求活，其可得乎？”高祖意少解，曰：“我一夜思量汝言，大有道理。今日破家灭身，亦由汝；化家为国，亦由汝。”于是定计。

乃命太宗与晋阳令刘文静，及门下客长孙顺德、刘弘基等募兵，旬日之间，众且一万。斩留守副王威、高君雅，以其诡请高祖祈雨于晋祠，将为不利故也。用裴寂计，准伊尹放太甲、霍光废昌邑故事，尊炀帝为太上皇，立代王侑以安隋室。传檄诸郡，以彰义举。秋七月，以精兵三万，西图关中。高祖仗白旗，誓众于太原之野，引师即路，遂亡隋族，造我区夏④。

【注释】

①隋炀帝：即杨广。

②膺：受，当。

③箓：即图谶（音趁），古代宣扬符命占验的书。制作隐语或预言，作为吉凶的符验或征兆。

④区夏：指华夏、中国。

【译文】

隋炀帝一开始就猜忌唐高祖李渊，李渊知道这件事后，常常怀有危惧感。李渊当太原留守时，因为征讨叛军，交战不利，担心被隋炀帝谴责问罪，对此非常忧虑。当时唐太宗李世民也跟随在军队中，他知道隋朝将要灭亡，秘密谋划着义举来安定天下。他进见李渊，说道："父亲大人为什么这样忧虑呢？当今皇上荒淫无道，黎民百姓全都愁苦怨愤，城门之外到处都是贼人强盗。要是还独自恪守小节，很快就会有杀身之祸了。假如我们发起义兵，正好符合人们的心愿。况且晋阳是用兵的好地方，食物、兵员都很充足，父亲拥有此地，这实际上是上天授予我们的机会，我们正好可以凭借这一时机转祸为福，成就功业。上天赐予我们的，却不收取，整天忧虑又有什么用处呢？"高祖听后非常惊惧，严厉地拒绝了李世民的建议。李世民疾走退出。

第二天，唐太宗又对李渊进言说："这是万全之策，可以挽救灭族的危险。如今朝廷的纲纪松驰紊乱，盗贼遍布天下，父亲大人接受王命讨捕贼人，可是贼人讨捕得尽吗？贼人既然不能捕尽，自身就该获罪了。况且世人又都传说李姓秉应了图谶，所以李金才位望隆贵，还是在一下子就被灭族了。即使父亲大人能将贼人捕尽剿灭，那么功劳再高也不会受赏，凭这来求得名声，又怎么能得到呢？”唐高祖的脸色缓和了一些，说道：“我整整一夜都在考虑你的话，你说的话很有道理。今天就是家破人亡也由你，变家为国也由你了。”李渊于是确定了大计。

李渊命令李世民与晋阳县令刘文静，以及属下门客长孙顺德、刘弘基等招募士兵。十来天内，就有上万人应募。李渊等人斩杀了副留守王威和高君雅，借口是他们诈骗高祖去晋祠祈雨，其实是准备对高祖实行不利。又采用晋阳宫副监裴寂的计策，仿照伊尹放逐太甲、霍光放逐昌邑王的先例，尊奉隋炀帝为太上皇，立代王杨侑为皇帝，来安定隋王室；然后传布檄文到各郡县，来表明他们的义举。七月的时候，以三万精兵，向西攻取关中。唐高祖李渊手举白旗在太原的郊野誓师，率领军队最终灭亡了隋王室，缔造了大唐基业。

【原文】

由此观之，是知天下者，非一人之天下也，天下之天下也。所以王者必通三统，明天命所受者博，非独一姓也。昔孔子论《诗》，至于“殷士肤敏，祼将于京”，喟然叹曰：“富贵无常，不如是，王公其何以诫慎，民萌其何以劝勉！”《易》曰：“安不忘危，存不忘亡。”是以身安而国家可保也。故知惧而思诫，乃有国之福者矣。

【译文】

由此看来，天下不是某一个人的天下，而是天下人共同的天下。因此，统治者必须懂得王朝更迭的道理，明白能够接受天命的人很多，并非只有某一个姓氏。从前孔子评论《诗经》，讲到“殷士肤敏，祼将于京”这一句时，感叹道：“荣华富贵有如云烟，如果不是这样，王公贵族怎么会警惕谨慎呢？平民百姓又怎么会积极进取呢！”《周易》说：“平安的时候不忘危难，幸存的时候不忘消亡。能做到这一点，身家性命就能长保平安，国家政权也不会沦丧了。”因此有危机感而又常常心存警觉，这实在是国家统治者的福分啊！

卷八　杂说

用无用

【题解】

有用和无用是相对的。看起来无用的东西，其实往往有很大的用处。本篇通过自然现象和历史故事，论述了无用就是有用的道理，并对认识不到“无用”作用的人进行了批评。同时，这也启示我们思考问题不能仅限于一个方面、一个角度。

【原文】

古人有言曰：“得鸟者，罗之一目。然张一目之罗，终不能得鸟矣。鸟所以能远飞者，六翮[①]之力也。然无众毛之助，则飞不能远矣。”以是推之，无用之为用也大矣。故惠子[②]谓庄子曰：“子言无用矣。”庄子曰：“知无用而始可与言用矣。夫天地非不广且大也，人之所用容足耳。然则削足而垫之至黄泉，人尚有用乎？”惠子曰：“无用。”庄子曰：“然则无用之为用也亦明矣。”

昔陈平智有余而见疑，周勃[③]质朴忠而见信。夫仁义不足相怀，则智者以有余见疑，而朴者以不足取信矣。汉征处士[④]樊英、杨厚，朝廷若待神明，至，竟无他异。李固、朱穆以为处士纯盗虚名，无益于用。然而后进希[⑤]之以成器，世主礼之以得众。

原其无用，亦所以为用也。而惑者忽不践之地，赊无用之功，至乃诮讪[⑥]远术，贱斥国华，不亦过乎？

【注释】

①翮：音何，禽鸟羽毛中间的硬管。

②惠子：即惠施，战国时期名家代表人物，善于辩论。

③周勃：西汉开国将领、宰相。

④处士：指有才德而隐居不仕的人。

⑤希：仰慕。

⑥诮讪：音俏灿，讥讽。诮：嘲讽。讪，相怒。

【译文】

古人这样说过：“捕获鸟的，只是罗网上的一个网眼，然而只张一个眼的网，是永远捕不到鸟的。鸟所以能够飞得远，主要是靠健羽的力量，然而如果只有健羽而无其他细小毳毛的辅助，是飞不远的。”以此推论，看似无用的东西，却是有很大作用的。所以当惠子对庄子说“你的学问都是无用的空话”时，庄子就告诉他：“懂得了无用的道理，才能跟他谈论有用的道理。大地不是不广大辽阔，可是人们占用的，不过是能容下双脚的地方。然而假如把容脚之外的土地都铲削掉，直到黄泉，那人可立足的地方还有用吗？”惠子说：“没用了。”庄子说：“既然这样，那么无用就是有用，这个道理就很明白了。”

从前陈平由于智谋出众，而被刘邦疑忌；周勃非常质朴，却被认为忠诚而受到信任。在仁义不足以使人们互相信任的时候，聪明人因智慧而被疑忌，朴拙的人却因笨拙而取得了信任。东汉时，征召隐士樊英、杨厚入朝做官，朝廷待他们俩就如神明一样。可是他们为官后，并没有什么过人之处。李固、朱穆认为这种隐士纯属欺世盗名之辈，对国家一无用处。然而后生晚辈仰慕他们的名声，从而成就了大器，皇帝礼遇他们，从而招揽了众多的人才。

推究起来，无用也就是有用。不懂这个道理的人很容易忽视双足之外的无用之地，看不起无用之物的特殊作用，甚至于嘲笑这一理论是迂腐的空谈，轻视排斥国家的英才，这不是太过分了吗？

势运

【题解】

本篇论述社会环境对人的影响。人的品质和行为与社会环境有着密切关系：政治清明，小人也会奉公守法；世道混乱，君子也会行奸作恶。本篇引《文子》《淮南子》《庄子》《新语》的言论阐明这一道理，并提醒统治者应注重自身的品行。

【原文】

夫天下有君子焉，有小人焉，有礼让焉。此数事者，未必其性也，未必其行也，皆势运之耳。何以言之？

《文子》曰："夫人有余则让，不足则争。让则礼义生，争则暴乱起。物多则欲省，求赡[①]则争止。"

《淮南子》曰："游者不能拯溺，手足有所争急也；灼者不能救火，身体有所痛也。林中不卖薪，湖上不鬻[②]鱼者，有所余也。故世治则小人守正，而利不能诱也；世乱则君子为奸，而刑不能禁也。"

故《庄子》曰："当尧舜而天下无穷人，非智得也；当桀纣而天下无通人，非智失也。时势适然。"

《新语》曰："近河之地湿，近山之木长者，以类相及也；四渎[3]东流，则百川无西行者，小象大而少从多也。”

是知世之君子，未必君子；世之小人，未必小人；世之礼让，未必礼让。夫势运者，不可不察。

【注释】

①赡：供给人财物；富足。

②鬻：音域，卖。

③四渎：古人称长江、黄河、淮河、济水为“四渎”。渎，河流。

【译文】

天下有品德高尚的君子，有品格卑下的小人，也有推崇互相谦让之风的时候。但上述情况，未必出于人的本性，或出于事所当然，都是大的形势造成的。为什么这样说呢？

《文子》上说：“人们富余时才会退让，而不足时便会争斗。谦让就产生了礼义，争斗就会发生暴乱。财富多了欲望就减少，欲求满足了争斗就会停止下来。

《淮南子》上说：“在水里游泳的人不能拯救溺水的人，因为他自己的手脚还忙不过来；在火灾中被烧伤的人不能救火，因为他自己的烧伤还疼得厉害。在树林子中没有卖木柴的，在湖上没有卖鱼的，因为这些东西很充足。所以太平盛世，道德卑下的小人也会奉公守法，财利不能诱惑他。但在世道混乱的时候，品格高尚的君子也会干坏事，刑罚也不能禁止他。”

所以《庄子》说：“在尧、舜的时代，天下没有不得志的人，并不是因为那时的人都聪明。在桀、纣的时代，天下没有显达的人，并不是因为人都愚笨了。这都是时代形势造成的。”

《新语》说："靠近河边的土地总是湿润的，靠近山边的树木总是长得很高，那是同类互相影响的原因。长江、黄河、淮河、济水四条大河都是向东流入大海的，所以众多的小河也没有向西流的，这是小河仿效大河，水少的追随水多的原因。"

因此可知，世上的君子，未必本质上就是君子。世上的小人，未必本质上就是小人。世上的礼让，也未必出于真心的礼让。对于时势对人的影响，不能不认真加以考察探究。

卷九　兵权

五间

【题解】

本篇论述间谍战。篇中列举了因间、内间、反间、生间、死间等五种间谍战，并以具体事例具体说明如何运用各种间谍战。篇末特别指出间谍战为“三军之要”，统治者应给予高度重视。

【原文】

《周礼》曰“巡国传谍者，反间也。”吕望云：“间，构飞言，聚为一卒。”是知用间之道，非一日也。

故间有五间：有因间，有内间，有反间，有生间，有死间，五间俱起，莫知其道。因间者，因其乡人而用之者也；内间者，因其官人而用之者也；反间者，因敌间而用之者也；生间者，反报者也；死间者，为诳事于外，令吾间知之，而待于敌间者也。

【译文】

《周礼》所说的“在别国巡回而传播对这个国家不利的情报”，就是反间。吕望说：“间谍制造流言，可以组成一支队伍。”由此可知，使用间谍，由来已久。

所以间谍有五种：有“因间”，有“内间”，有“反间”，有“生间”，有“死间”。五种间谍都使用起来，就能使敌人摸不着头脑而无所适从。所谓“因间”，是指利用敌国的普通人做间谍。所谓“内间”，是指收买敌国的官吏做间谍。所谓“反间”，是指利用或收买敌方派来的间谍为我效力。所谓“生间”，是指我方派往敌方侦察后，能活着回来报告敌情。所谓“死间”，是指故意散布虚假情况，让我方间谍知道而传给敌方的间谍，敌人上当后往往将其处死。

【原文】

昔汉西域都护班超[①]，初为将兵长史，悉发诸国步骑二万五千击莎车[②]，莎车求救龟兹[③]，龟兹王遣左将军发温宿[④]、姑墨[⑤]、尉头[⑥]，合五万人助之。超召部曲及于阗[⑦]、疏勒[⑧]王议曰：“兵少不敌，计莫如各解散去。于阗从此东，长史亦从此西归，夜半闻鼓声使发。”众皆以为然。乃阴缓[⑨]擒得生口[⑩]，生口归，以超言告龟兹。龟兹闻之喜，使左将军将万骑于西界遮超，温宿王将八千骑于东界遮于阗王。人定[⑪]后，超密令诸司马，勒兵励士。至鸡鸣，驰赴莎车军营，掩覆之，胡皆惊走，斩首五千级，莎车遂降。

又耿弇[⑫]讨张步，步闻之，乃使其大将费邑军历下，又分兵屯祝阿，别于太山、钟城列营数十以待弇。弇渡河先击祝阿，拔之。故开围一角，令其众得奔钟城。钟城人闻祝阿已溃，大惧，遂空壁亡去。费邑分遣其弟敢守巨里，弇进兵，先胁巨里，多伐树木，扬言填塞坑堑。数日，有降者，言，邑闻弇欲攻巨里，谋来救之。弇乃严令军中趣[⑬]治攻具，后三日当悉攻巨里；阴缓生口，令得亡归。归者以弇期告邑，邑至日果自将来救之。弇喜谓诸将曰：“吾所修攻具者，欲诱致邑耳，今来适吾所求也。”即分三千人守巨里，自引精兵上岗坂，乘高合战，大破之，临阵斩邑。

此用因间之势也。

【注释】

①班超：东汉著名军事家、外交家。曾出使西域，使西域五十多个国家都归附了汉王朝。

②莎车：古西域国名，丝绸之路南道要冲，东西方陆路交通枢纽，西域诸国中富庶地区之一。位于今新疆喀什地区莎车县一带。

③龟兹：音秋词，古西域大国之一，扼守丝绸之路北道中段之咽喉，相当于今新疆阿克苏地区和巴音郭楞蒙古自治州部分地区。

④温宿：古西域国名，位于今新疆阿克苏地区温宿县。

⑤姑墨：古西域国名，今叶尔羌河以北，天山腾格里峰以南地区，治所在今新疆阿克苏。汉时属西域长史府；南北朝时属魏，附于龟兹。

⑥尉头：汉朝时少数民族所建国家，在今新疆阿合奇县哈拉奇乡一带。

⑦于阗：古西域国名，在今新疆和田一带。

⑧疏勒：西域古国，著名的西域三十六国之一。相当于今新疆喀什噶尔。位居西域南、北两道的交会点，古来即为东西交通的主要进出口。

⑨缓：放松。

⑩生口：指俘虏。

⑪人定：夜深人们安息的时候。

⑫耿弇：东汉开国名将、军事家，云台二十八将第四位，为东汉的统一立下赫赫战功。弇，音眼。

⑬趣：通“促”，赶快。

【译文】

当年汉朝西域都护班超，刚刚任将军长史，将手下各属国

的步兵、骑兵二万五千人都派出去攻打莎车国，莎车向龟兹求救。龟兹王派遣左将军把温宿国、姑墨国、尉头等共计五万人联合起来帮助莎车。班超召集所属部队及于阗、疏勒两国国王商议说："我军兵少不能与敌人对抗，不如先让各部解散。于阗王从这里向东，我从这里西归。半夜里听到鼓声出发。"大家都同意这一意见。班超暗中放松了对俘虏的看管，俘虏乘机逃回去后把班超的话告诉了龟兹王。龟兹王听后大喜，派左将军带领一万名骑兵在西面伏击班超，温宿王率领八千名骑兵在东面伏击于阗王。夜深人静后，班超却秘密命令各部激励士兵，准备行动。到了鸡鸣时，快马飞驰，直捣莎车军营，将之包围起来，胡兵惊慌奔逃。班超的军队斩杀了五千多敌人。莎车于是被迫投降。

又如，耿弇讨伐张步，张步听说之后，使派遣大将费邑驻扎在历下，又分兵屯守祝阿，另在太山、钟城，布列了几十个兵营等待耿弇进攻。耿弇渡过黄河，先围攻、打败了祝阿，然后故意网开一面，让祝阿的败兵得以逃奔钟城。钟城守军听说祝阿已经溃败，非常惊恐，于是集体逃亡。费邑派遣自己的弟弟费敢把守巨里，耿弇进兵，首先威胁巨里，并大量砍伐树木，声称要填塞壕沟、铺平道路，以进攻巨里。几日后，有来投降的人说费邑听说耿弇要进攻巨里，正打算前来救助。耿弇于是严令军队赶快准备进攻用的器械，三天后要进攻巨里。耿弇暗地放松对投降者的看管，让他得以逃亡回去。投降者回去后便将耿弇进攻巨里的日期告诉了费邑。三天后，费邑果然亲自带领部队来救援。耿弇非常高兴，对自己的将领说："我让你们准备攻城的器械，正是引诱费邑来巨里的。现在他来了，这正是我所希望的。"随即分兵三千人把守巨里，自己却领着精锐部队驻扎在高岗、山坡，凭借高峻的地势和费邑交战，使费邑大败，并在阵前斩了费邑。

这是使用“因间”的实例。

【原文】

晋时，益州牧罗尚遣隗[①]伯攻李雄[②]于郫城[③]，迭[④]有胜负。雄乃募武都人朴泰，鞭之见血，使谲罗尚，欲为内应，以火为期。尚信之，悉出精兵遣隗伯等率领从泰。李雄先使李骧[⑤]于道设伏，泰以长梯倚城而举火，伯军见火起，皆争缘梯。泰又以绳汲[⑥]上尚军百余人，皆斩之。雄因放兵，内外击之，大破尚军。此用内间之势也。

郑武公[⑦]欲伐胡[⑧]，先以其子妻胡。因问群臣曰：“我欲用兵，谁可伐者？”大夫关其思曰：“胡可伐。”武公怒而戮之曰：“胡，兄弟之国，子言伐之，何也？”胡君闻之，以郑为亲已而不备郑。郑袭胡，取之。此用死间之势也。

陈平以金纵反间于楚军，间范增[⑨]，楚王疑之，此用反间者也。

故知三军之亲，莫亲于间，赏莫厚于间，事莫密于间。非圣智莫能用间，非密微莫能得间之实。此三军之要，惟[⑩]贤将之所留意也。

【注释】

①隗：音葵，姓。

②李雄：周朝巴国宗室后裔，西晋巴蜀流民起义领袖，十六国时期成汉开国皇帝。

③郫城：古邑名，在今四川成都平原中部，今郫县北。郫，音皮。

④迭：交换，轮流。

⑤骧：音襄。

⑥汲：牵引。

⑦郑武公：名掘突，春秋时郑国第二任国君。

⑧胡：即胡国，在今河南郾城区、舞阳县一带，周成王姬诵所封姬姓诸侯国，子爵，因称胡子国，国君即称“胡君”。

⑨范增：秦末农民战争中为项羽主要谋士，被项羽尊为“亚父”。

⑩惟：句首语气词，表示希望。

【译文】

晋时，益州牧罗尚派遣隗伯前往郫城攻打李雄，两方互有胜负。李雄于是招募武都人朴泰，用鞭子抽得朴泰鲜血淋漓，然后让他投奔罗尚，诡称在罗尚进攻时做内应，以举火为信号。罗尚相信了朴泰，调动全部精兵，让隗伯等率领跟随朴泰去袭击郫城。李雄先派李骧在道路上设下埋伏。朴泰登上长梯，靠着城墙，举起火把，隗伯的军队看见火把的信号，都争着攀梯而上。朴泰又用绳子吊上来百余名罗尚的士兵，全部杀掉。李雄乘机出兵，（和事先埋伏的部队）内外夹击，大败罗尚。这是使用“内间”的情形。

郑武公准备攻伐胡人，先把女儿嫁给胡国首领，然后询问大臣：“我准备发动战争，谁是可以讨伐的对象？”大夫关其思说：“胡国可讨伐。”郑武公大怒，说：“胡，是兄弟之国，你却说可以讨伐，是何用意？”于是杀掉了关其思。胡国国君听说后，认为郑国和自己交好，不再防备郑国。郑国乘机袭击胡国，夺取了胡人的地域。这是使用“死间”的实例。

陈平用重金在楚军中大行“反间”计，离间范增，项羽因此怀疑他，范增愤然而去。这是使用“反间”计。

由此可以知道，军队中的亲信，没有比间谍再亲信的了，奖赏没有比间谍更优厚的了，事情没有比间谍更机密的了。不是才智过人的将帅不能使用间谍，不是用心精细、手段巧妙的将帅不能悟得间谍的宝贵。这是三军的要害所在，希望贤明的将帅能够格外留意。